KB024204

너에게
들려주는

단
단
한
말

너에게
들려주는

단단한 말

퍼스트펭귄

차례

1장

자존감

혼란스러운 세상에서도
'너'라는 세계는 반짝이고 있다

2장

관계

모두에게 좋은 사람이 되지 않아도 너는 언제나 너에게 좋은 사람이다

3장

 꿈

스스로 포기하지 않으면
미래는 결국 너의 편이다

4장

가치관

마음이 단단해지면
인생도 단단해진다

5장

지성

수준이 높은 사람은 어제보다
오늘 더 발전하는 사람이다

하루 5분,
작은 습관이 만드는
위대한 변화

여러분 혹시 이런 고민을 하고 있나요?

- "성적이 생각만큼 잘 오르지 않아요."

- "친구와의 관계가 너무 어려워요."

- "앞으로 어떻게 살아야 할지 막막합니다."

- "국어랑 수학 잘하는 친구가 진짜 부러워요."

- "왜 사는지 진짜 모르겠어요."
- "늘 지치기만 하고 보람이 전혀 없습니다."
- "자신감도 없고 나약한 제가 싫어요."

고민이 참 많을 시기입니다. 그리고 무엇 하나 사소한 게 없죠. 다 중요한 고민이라 가끔은 마음이 답답해지곤 합니다. 제가 이 책을 쓴 이유가 바로 거기에 있습니다.

제가 여기에 담은 글을 읽고 필사하는 것만으로도, 여러분은 위에 나열한 모든 문제를 스스로 해결할 힘을 갖게 됩니다. 공부와 관계, 인생과 자존감, 내면의 힘과 태도 등 수많은 문제를 해결할 근본적인 힘을 필사를 통해 얻을 수 있기 때문이죠.

이 책은 총 5장으로 이루어져 있습니다. 목차만 잠시 훑어보아도 이 책을 읽고 필사하며 내가 무엇을 가질 수 있을지 짐작할 수 있을 겁니다. 저는 반드시 현실적인 도움을 줄 수 있어야 한다는 생각으로 이 책에 다음 세 가지를 담았습니다.

1 여러분의 자존감, 관계, 꿈, 가치관, 지성의
   영역을 책임지고 키울 수 있게 돕는
   유명 철학자들의 말.

2 그렇게 나온 말을 최대한 쉽게
   이해할 수 있도록 돕는 섬세한 설명.

3 필사를 하는 것만으로도
   모든 능력이 높아지게 만드는 글.

이 책이 여러분에게 기적을 선물해 줄 것이라 믿습니다. 그냥 하는 말이 아닙니다. 매년 수많은 부모님과 청소년을 직접 만나면서, 혹은 제가 운영하는 각종 SNS로 접하면서 실제로 놀라운 효과를 확인하고 있습니다.

알고 있어요. 여러분은 참 바쁩니다. 그래서 제가 추천하는 방법은 '하루 5분 필사'입니다. 5분만 투자하면 여러분은 전혀 다른 인생을 살 수 있습니다. 그래서 최대한 전하려는 내용을 압축해서 5분 동안 읽고 필사할 수 있도록 구성했습니다. 책에 담은 제 간절한 마음이 여러분에게 꼭 전해지기를 소망합니다.

+ + +

내가 지금 하고 싶은 것,

내가 지금 더 잘하고 싶은 것,

내가 앞으로 꼭 해보고 싶은 것.

이 모든 것을 '하루 5분 필사'를 통해

시작할 수 있습니다.

1장

자존감

혼란스러운 세상에서도
'너'라는 세계는 반짝이고 있다

우리는 모두 자신의 모양대로
세상에 존재하려고 태어났다

처음에 그들은 비웃으며
"그걸 왜 하냐?"라고 묻겠지만
나중에 그들은 경탄하며
"그걸 하려면 어떻게 해야 하냐?"라고
물어볼 것이다.

– 알버트 아인슈타인(Albert Einstein)

"그런 방식으로는 살 수 없어."

"남들처럼 바꾸지 않는다면 여기에 들어올 자격을 줄 수 없지."

세상은 자꾸만 내가 가진 모양을 바꾸려고 합니다. 그 결과 수많은 사람이 모두 비슷비슷한 하루를 살고 있죠. 그런 우울한 삶을 살고 싶지 않다면, 다음에 소개하는 일곱 가지 말을 낭독하고 필사하며 내면에 담는 과정이 필요합니다.

1   내가 끝내지 않으면 아무리 세상이 막아도
    결코 끝난 것이 아닙니다.

2   짐작하지 마세요.
    제 방식은 지금까지와는 전혀 다를 겁니다.

3   선택은 나의 생각이 어떤지를 보여주는
    지성의 증거입니다.

4   두려움과 희망은 하나입니다.

    두려움 없는 희망은 존재하지 않습니다.

5   나는 모든 면에서 가장 밝은 부분만 바라보며

    그걸 나의 언어로 세상에 표현합니다.

6   이미 굳게 결심했다면, 누구와의 언쟁에도

    시간을 낭비할 필요가 없습니다.

7   남과 비교하면 불행이 시작되고,

    자신과의 비교를 시작하면

    성장을 기대할 수 있습니다.

이루어지기 전까지는 모든 것이 불완전합니다. 그때가 바로 자신의 가능성을 더 믿어야 할 때죠. 현재의 나를 지키면서 모든 것을 해낼 수 있어야 합니다. '과연 내가 할 수 있을까?'라는 의심은 자신을 더 망칠 뿐입니다.

+++

나는 내가 가진 모양 그대로 살아갈 겁니다.

그 무엇을 얻는다고 해도 나를 잃으면

내게 아무런 의미가 없으니까요.

많이 두렵지만, 두려움을 정복하는 것이

지혜의 시작이며 우리가 공부하는 이유입니다.

언제든 질 수 있지만
그게 실패를 뜻하는 건 아니다

모든 사람에게는 경탄할 만한 잠재력이 있다.

자신의 힘과 젊음을 믿어라.

'모든 것은 내가 하기 나름이다'라고

끊임없이 자신에게 말하는 법을 배워라.

– 앙드레 지드(Andre Gide)

'달리기 연습 진짜 열심히 했는데 또 졌네!'

'내 마음은 이렇게 진실한데, 왜 아무도 알아주지 않는 거야!'

살다 보면 이런 생각에, 안 그래도 힘든 자신을 괴롭히 게 됩니다. 그럴 때는 생각의 방향을 전환해 보세요. 자신을 힘들게 한다고 결과가 바뀌지는 않습니다. 다만 시선을 바꾸면 결과보다 과정에서 더 큰 기쁨을 발견할 수 있고, 그 기쁨이 힘든 자신에게 일어설 힘을 줄 수 있죠. 자, 한번 생 각해 보세요.

어떤 강한 사람도 늘 이길 수는 없어요. 마찬가지로 아 무리 내 안에 정의롭고 숭고한 뜻이 있어도, 승부에서 질 수 있습니다. 또한 승리가 인생 최대의 목표는 아니죠. 내가 정의롭다면 이미 나는 승리한 것이고, 내 뜻이 숭고하다면 이미 나는 '나라는 세상'에서 떳떳한 승리자입니다. 스스로 생각할 때 자신의 삶에 당당하다면, 그게 언제든 결국 원하는 것을 갖게 됩니다.

당장의 결과에 너무 마음을 빼앗기지 마세요. 길게 보면 마음이 좀 더 차분해지고, 오랫동안 분투한 자신에게 자부심도 갖게 됩니다.

+++

자신을 향한 빛나는 자부심을 갖고 있다면

그게 인생 최고의 멋진 승리입니다.

나는 내게 주어진 모든 일이

조금도 두렵거나 걱정되지 않습니다.

나는 가장 멋진 끝을 볼 것입니다.

세상에서 가장 힘이 센 사람은
조용히 인내한다

대부분의 사람이 자기 자신을
누구보다 사랑한다고 말하지만
자신의 의견보다 다른 사람의 의견에
더 가치를 둔다는 사실은
참 이해하기 어려운 현실이다.

– 마르쿠스 아우렐리우스(Marcus Aurelius Antoninus)

"내가 이건 반드시 해내고야 말겠어!"

"이걸 해내려면 잠시 하고 싶은 걸 참고, 힘들지만 인내하며 살아야겠지."

원하는 무언가를 이루거나 갖기 위해서 인내한 경험이 누구에게든 있을 겁니다. 한번 과거로 돌아가서 생각해 보세요. 여러분이 경험한 인내는 어떤 것이었나요? 충분히 생각하셨나요? 그럼 인내를 한마디로 정의한다면 뭐라고 표현할 수 있을까요?

보통은 인내를 소극적이고, 정적이며, 가만히 견디는 것이라고 착각합니다. 왜 그게 착각일까요? 여러분도 경험으로 이미 알고 있겠지만, 인내는 결코 소극적인 것이 아니에요. 오히려 그 반대죠. 인간이 보여줄 수 있는 가장 적극적인 표현이며 강렬한 감정입니다. 내 안에서 끊임없이 나를 흔드는 유혹과 싸워야 비로소 인내라는 단어를 가질 수 있기 때문입니다.

인내는 가장 강한 자만이 해낼 수 있는 숭고한 가치입니다. 자신의 의견보다는 타인의 말을 따르고, 자신의 생각이 지닌 가치를 낮게 평가하는 사람들은 결코 무엇도 인내할 수 없어요. 반대로 무작정 감정을 배출하고, 하고 싶은 말을 다 내뱉고, 가진 힘을 다 보여주는 건 사실 약한 사람들의 자기 표현이죠. 세상에서 가장 강한 자는 그 모든 것을 자신과 주변의 소중한 사람들을 위해 잠시 인내하는 사람입니다.

+ + +

세상에서 가장 강한 사람은

이미 힘이 충분하지만,

그 힘을 사용하지 않는 사람입니다.

오히려 자신이 갖고 있는 그 힘을

무언가를 인내하기 위해 사용하죠.

'통쾌하다'는 감정을 지우면
나 자신과 만날 수 있다

이성은 우리를 사람으로 만들고
짐승과 구별하는 유일한 것이라서
나는 이성이 우리 각자 안에
존재한다고 믿고 싶다.

– 데카르트(René Descartes)

"그것 정말 쌤통이다."

"꼴 좋다. 그렇게 잘난 척하더니!"

'쌤통'은 남이 낭패 본 것을 고소해하는 뜻으로 하는 말입니다. 참 신기하죠. 부러움의 대상이 불행해지거나 부러워하던 것들이 사라지면 어떤 사람은 무너진 그를 보면서 통쾌한 감정을 느낍니다. 이유가 뭘까요? 결국 타인과 나를 비교하기 때문에 만나는 감정이라고 보면 됩니다. 중요한 건 그런 감정이 나 자신에게도, 또 힘들어하는 상대에게도 모두 도움이 되지 않는 무가치한 감정이라는 사실입니다.

여러분이 모두 알고 있는 이순신 장군은 평생 "통쾌하다"라는 말을 쓰지 않았습니다. 참 놀랍죠. 우리 민족을 괴롭히고 못된 짓을 하는 왜군을 물리쳤는데도 그랬으니까요. 이순신 장군은 다음과 같은 사실을 잘 알고 있었습니다. '통쾌한 것에 집중하면 이기는 것만이 목적이 되어 결국 원하지 않는 결과를 만나게 된다.'

중요한 건 이기는 게 아니라 '내가 얻고 싶은 것을 얻는 것'입니다. 단순히 이기는 건 그저 통쾌한 감정을 느끼려는 욕심에서 나옵니다. 그건 어쩌면 이성이 존재하지 않는 짐승의 삶과 닮았습니다. 인간이 되려면 이성이 존재해야 하며, 본능에 가까운 감정을 제어해야 하죠. 이순신 장군은 자신에게 집중하며 살았던 덕분에 삶에서 의미 없는 '통쾌하다'라는 감정을 지울 수 있었습니다.

+++

단순히 이기는 건 중요하지 않습니다.

중요한 건 내가 원하는 것을 얻는 것입니다.

단 한 번뿐인 삶을

나 자신을 위해 살지 않는다면

그것은 '타인을 위한 배려'이기 이전에

'나에 대한 배신'이 됩니다.

진짜 자유로운 사람은
변명하지 않고 거절한다

진정으로 자유로운 사람은
변명하지 않고
저녁식사 초대를
거절할 수 있는 사람이다.

– 쥘 르나르(Jules Renard)

'친구가 만나자고 하는데 어쩌지? 그날 약속이 있는데.'

'죽겠네. 왜 나는 이렇게 거절하는 게 힘들지?'

여러분은 왜 거절하지 못하나요? 한번 생각해 보세요. 아마 지금까지 그 이유를 한 번도 생각해 본 적이 없을 가능성이 높습니다. 그냥 기계적으로 미안해서 혹은 큰 손해는 아니니까 상대방의 요구를 들어줬을 수 있죠. 하지만 그건 자신에게 미안한 일입니다. 내가 손해를 감수하면서 그들의 요구를 들어줬다고 현실이 뭔가 달라진 게 있나요? 물론 좋은 마음으로 초대한 멋진 제안에는 응하는 게 좋죠. 하지만 제가 지금 언급하는 건, 스스로 별 생각 없이 혹은 원하지 않지만 어쩔 수 없이 승낙하는 경우를 말합니다.

누군가 저녁식사 초대를 합니다. 그런데 별로 가고 싶지 않아요. 시간이 아깝다는 생각이 자꾸 들어서죠. 집에서 따로 해야 할 일도 많고요. 이때 사람들은 변명을 만들기 시작합니다. 거절을 위해 스스로 거짓말을 만드는 거죠.

이젠 그러지 마세요. 내 마음이 진실하다면 있는 그대로 거절만 하면 됩니다. 그냥 불가능하다는 의견만 전하는 거죠.

"그날은 좀 힘들겠네."

"미안, 다음에 보자."

구구절절 변명하지 않아도 괜찮아요. 물론 쉬운 일은 아닙니다. 그가 나를 의심하거나 나쁘게 생각하진 않을까 자꾸만 걱정이 되죠. 그땐 다음과 같은 거절의 태도를 필사하며 걱정을 멀리 버리세요.

+++

오늘 거절하면 내일 더 많은 시간을

소중한 일에 투자할 수 있습니다.

나는 타인에게 만족감을 주기 위해서

태어난 게 아닙니다.

조건에 맞지 않다면, 원칙을 제시하며

분명하게 거절해야 합니다.

변명할 시간도 아껴서

바로 거절하는 게 오히려 진실한 행동입니다.

적절하게 거절만 잘하면,

우리에게 시간은 언제나 충분합니다.

나의 거절이 무리한 게 아니라

오히려 그의 부탁이 무리한 것입니다.

완벽한 몰입은 완벽한 거절에서 출발합니다.

머리로는 모두 알고 있지만
세상의 1%만 실천하는 말

아는 것만으로는 충분하지 않다.

삶에 적용해야 한다.

의지만으로는 충분하지 않다.

실천에 옮겨야 한다.

실천이 곧 마법이다.

- 요한 볼프강 폰 괴테(Johann Wolfgang von Goethe)

하도 많이 듣고 그 가치도 인정해서 머리로는 진짜 알고 있지만, 실천이 어려워서 세상의 1%만 실행하는 말이 있습니다. 누구나 알고 있지만 실천하지 못하는 말이라면 진짜 '성장의 본질'에 가까운 이야기라 볼 수 있죠. 다음에 소개하는 열 가지 말을 읽으며 이 사실을 꼭 기억해 주세요. 본질에 가까운 말일수록 실천은 어렵고, 실천하기 어려울수록 해낸 뒤에 만날 세계는 아름답습니다.

1   조금 덜 먹고
    조금 더 움직여라.

2   말투를 예쁘게 바꿔라.
    운이 달라진다.

3   인간은 사랑하는 만큼 성장한다.

4   조금 덜 말하고
    조금 더 들어라.

5   최고의 투자는

나에게 투자하는 것이다.

6   독서와 글쓰기는

취미가 아니라 생존이다.

7   늘 나 자신을 보라.

타인을 평가하는 자는 심심한 사람이다.

8   다정하고 예쁜 말은

의지의 문제다.

9   기품과 행운은

마음의 여유에서 나온다.

10   나중을 위해 남겨둘 것을 생각하지 말고

과정에 모두 투자하라.

누군가에게 배워서 단순히 그 지식을 아는 것만으로는 충분하지 않습니다. 그건 이미 여러분 옆에 있는 친구들도 매일 반복하고 있으니까요. 중요한 건 100가지의 지식을 배우는 게 아니라 하나라도 일상에 적용할 줄 알아야 한다는 사실입니다. 배우려는 의지만으로는 충분하지 않습니다.

행동까지 할 수 있어야 하죠. 여러분이 무엇을 배우든, 안다는 것은 실천에 옮기는 일까지 포함해야 합니다. 세상에 아는 사람은 많습니다. 하지만 실천하는 사람은 매우 소수죠. 행동하겠다는 그 마음 하나로도 여러분은 특별한 지성인이 될 수 있습니다.

+++

내가 보낸 어제는 나를 기억하고 있고

지금 내가 보내는 시간은 나를 보고 있으며

내일 만날 시간은 나를 기다리고 있습니다.

일상은 내가 가진 전부입니다.

단 하루도 허투루 보내지 않겠습니다.

'분노조절장애'에서
'분노조절잘해'로

많은 공부와 지식이
바로 지혜로 연결되는 것은 아니다.

– 헤라클레이토스(Heraclitus)

"저 친구는 꼭 자기보다 약한 사람만 괴롭히더라!"

"만만하다는 판단이 서면 생각하면 갑자기 화내는 것 같아!"

"분노 조절이 되는 거야, 안 되는 거야?"

학교나 학원에서 이런 광경을 자주 보게 됩니다. 그들은 정말 자신의 분노를 조절하지 못하는 걸까요? 슬프지만 그렇지 않은 경우가 참 많습니다. 분노를 잘 조절하지 못한다는 사람도 자신보다 강자 앞에서는 '분노조절잘해'로 순식간에 바뀌는 경우를 자주 봅니다. 강자 앞에서는 완벽하게 제어하고, 약자 앞에서는 거침없이 폭발하며 선택적으로 분노를 정말 잘 제어하는 것이죠. 게다가 그들은 학교나 사회에서 배울 만큼 배운 사람들이라는 공통점이 있습니다. 지식이 누구보다 풍부한 사람들이 왜 지혜를 발휘하지 못하는 걸까요?

그 이유를 이해해야 그들의 특성을 파악할 수 있고, 앞뒤가 다른 그들을 피해서 늘 좋은 기분을 유지하며 살아갈 수 있습니다. 다시 말해 '감정의 본질'을 알고 있어야 하죠. 그게 누구든 혹은 어떤 상황이든 갑자기 화가 나서 소리를 치고 분노하는 경우는 별로 없습니다. 그럼 이유가 뭘까요? 왜 그들은 선택적 분노를 하는 걸까요?

역시 이유는 감정의 본질을 통해 짐작할 수 있습니다. 그들이 화를 내며 소리치는 이유는 '감정'이라는 무기를 꺼내 상대를 지배하려고 하기 때문입니다. 그래서 약자 앞에서 자주 감정이라는 무기를 꺼내는 것이고, 강자 앞에서는 그 무기를 철저하게 숨기는 것이죠. 분노와 감정이 발생하는 원리를 알면 왜 그런 사람이 생겨나고 어떻게 그들을 구분할 수 있는지도 깨닫게 됩니다.

+++

선택적 분노는 낮은 지성을 증명합니다.
그래서 나는 '덕분에'라는
수준 높은 지성의 언어를 자주 꺼냅니다.
'때문에'라고 말하는 사람보다

‘덕분에’라고 말하는 사람에게

더 많은 지식과 지혜가 찾아옵니다.

‘덕분에’라는 말버릇을 갖게 되면

배울 일이 더 많이 생기니까요.

시니컬한 태도는
행운마저 걷어차버린다

평생 닫혀 있기만 한 책은
한낱 블록에 불과할 뿐이다.

– 토마스 풀러(Thomas Fuller)

독서는 참 중요한 가치입니다. 그렇다면 책은 왜 존재하는 걸까요? 강한 의지를 품은 손이 책을 잡고 펼치지 않는다면, 책은 그저 책꽂이의 한 부분을 지탱하는 블록에 불과할 뿐입니다. 우리는 비싼 블록을 산 건가요? 아니면 지성의 재료를 산 건가요?

책은 스스로 자신의 존재를 정의할 수 없습니다. 자신을 대하는 사람의 수준에 따라서 블록이 되기도, 지성의 재료가 되기도 하죠. 책의 가치를 몰라서 펼치지 않는 게 아닙니다. 독서가 싫어서도 아니죠. 본질은 냉소적인 태도에 있어요. 다음과 같은 태도는 책과 마음, 시선까지 펼치지 못하게 만들죠.

1   여기에 뭐 특별한 게 있겠어?

2   이 사람이 알면 얼마나 안다고!

3   어차피 세상은 불공평해!

4   네가 얼마나 아는지 한번 보자!

이런 시니컬한 삶의 태도는 우리에게 아무런 도움이 되지 않습니다. 태도만 바꿔도 세상의 모든 사물은 여러분의 성장을 위해 협력할 것입니다. 굳이 세상에 존재하는 것들에 악평을 하며 스스로 자신의 행운을 걷어차지 마세요.

+++

닫혀 있기만 한 마음,

닫혀 있기만 한 눈과 내면은

과연 무엇을 의미하는 걸까요?

닫힌 눈과 내면, 그리고 마음 역시

끝내 펼쳐지지 못한다면

한낱 장식에 불과할 뿐입니다.

나는 나의 모든 것을 활짝 열어서

세상의 지성을 받아들이며 살겠습니다.

나쁜 일이 생겼을 때
평온함을 유지하는 7가지 태도

진실은 사자와 같다.
여러분은 진실을 방어할 필요가 없다.
그냥 진실을 자유롭게 풀어 놓으라.
그러면 진실은 스스로를 방어할 것이다.

– 아우구스티누스(Aurelius Augustinus)

"왜 나쁜 일은 내게만 생기지?"

"진짜 재수도 없지. 늘 이런 식이야!"

그러나 지금 우리를 찾아온 온갖 고통과 근심이 과연 무조건 나쁜 것일까요? 배가 바다에서 중심을 잡고 흔들리지 않으려면 어느 정도의 짐이 필요합니다. 배가 커질수록 필요한 짐도 많아지죠. 지금 여러분의 삶에 고통과 근심이 더 많이 찾아온다는 건, 여러분이라는 배가 더 커졌다는 멋진 증거입니다. 아파할 일이 아니라 오히려 축하할 일이죠.

다음과 같은 마음의 태도를 가진다면 고통 속에서도 평온함을 유지할 수 있고, 그 시기를 더 빛나게 보냄으로써 무사히 항해를 마칠 수 있습니다. 여러분의 멋진 항해를 도울 일곱 가지 태도를 소개합니다.

1   근심은 제거할 게 아니라
    즐길 대상입니다.

2   고통도 나를 지탱해 주는

     고마운 자산입니다.

3   진실하다면 아무런 걱정이 없습니다.

4   고요한 마음이 하루를 차분하게 해줍니다.

5   "왜 하필 나야?"라고 묻지 않습니다.

6   나쁜 일에 저항하거나 싸우지 않습니다.

7   지금 당장 할 수 있는 일에 최선을 다합니다.

고통 속에서 평온을 즐기고, 비난 속에서 진실 하나만 믿으며 차분한 나날을 보낼 수 있다면, 우리는 무엇이든 해낼 수 있습니다. 믿고 기다리면 뭐든 이루어질 것입니다.

+ + +

공부를 즐기면 교실이 천국이지만,

억지로 공부하면 교실은 지옥입니다.

즐긴다는 생각으로 배우면

내가 머무는 모든 공간은

나만의 천국으로 바뀝니다.

어떤 시험에서도 떨지 않고
당당한 사람의 비밀

시험받지 않는 삶은
살 가치가 없다.

– 소크라테스(Socrates)

열심히 공부한 사람은 자신이 보낸 시간의 가치를 확신할 수 있습니다. 어떤 시험을 앞두고 있어도 결코 두려워하거나 떨지 않죠. 그에게 시험은 '무엇을 틀렸느냐?'의 문제가 아니라 '무엇을 알고 있느냐?'의 문제라서 그렇습니다. 이건 매우 중요한 이야기입니다. 최악의 부분을 바라보느냐, 최고의 지점을 찾아내느냐의 문제라서 그렇습니다.

못하는 부분만 바라보면 시험은 점점 최악의 존재로 바뀌죠. 그럼 저절로 입에서 이런 말이 나옵니다. "아, 시험 진짜 짜증난다!", "시험 없는 세상에서 살고 싶다!"

그러나 스스로 해낸 결과를 바라볼 수 있다면 우리는 시험을 친한 친구처럼 반길 수 있습니다. 다음과 같은 마음으로 시험을 대한다면 말이죠.

| 시험은 나의 새로운 시작입니다.
  내가 걸어가야 할 길을 보여주는

고마운 존재죠.

2   시험은 그 길의 끝이 아니라
    그저 지나가는 과정 중 하나입니다.

3   시험에서 찾은 나의 불가능은
    새롭게 찾은 가능성의 출발점입니다.

4   시험이라는 무대에서 나는
    지금까지 무엇을 배웠는지 보여줄
    기회를 얻을 수 있습니다.

이런 마음으로 시험에 임하는 사람은 아무리 중요한 시험이라도 떨거나 두려움을 느끼지 않습니다. 오히려 당당하죠. 시험을 보는 과정 자체를 마치 게임을 하듯 즐깁니다. 다르게 생각하고 접근하면 뭐든 이렇게 멋지게 즐기며 이겨낼 수 있습니다.

+++

100번 반복하면 그게 무엇이든
나만의 무기가 될 수 있습니다.

이때 필요한 게 바로 시험입니다.

무언가를 100번 반복했다는 사실은

100번 시험을 봤다는 증거라고 볼 수 있죠.

100번의 시험이라는 과정을 통해서

나는 더 나은 나로 완성되어 갑니다.

'그럴 수 있지'라는 생각이
나를 키운다

우리는 자신에게 일어난
사건이 아니라
그 사건에 대한
자신의 해석에 영향을 받는다.

– 에픽테토스(Epictetus)

게임이나 시합을 하다가 겪는 무례한 상대방의 행동, 지나가는 사람의 어깨를 툭 치고 지나가는 모습. 이런 모든 상황을 겪을 때마다 저는, 굳이 화를 내지 않습니다. 이유는 간단합니다. 내가 아무리 화를 내도 상대는 그걸 모르기 때문입니다. 그는 이미 나를 지나갔고, 나만 바보처럼 이 소중한 공간을 못된 말로 채우고 있는 거죠.

그래서 화를 내면 낼수록 오히려 내 기분은 최악으로 흐릅니다. 물론, 정말 억울해서 화를 내고 싶을 때도 있죠. 하지만 중요한 건, 그 모든 분노와 고통이 다시 내게로 돌아온다는 사실입니다. 그래서 지혜로운 사람들은 다음과 같은 말을 자신에게 들려주며, 그 공간을 아름답게 스쳐 지나갑니다.

1   그럴 수 있지.
2   힘든 일이 있나 봐.

3   급한 일이 있구나.

'그럴 수 있지'라는 생각은 타인을 배려하는 말 이상의 가치를 지닙니다. 정말 중요한 건, 그 말을 통해서 소중한 내 기분을 지킬 수 있다는 사실이죠. "그럴 수 있지"라는 말을 자주 사용하는 사람은 자신의 감정을 분노나 비난에 빠지지 않게 돌봅니다. 그래서 우리는 늘 이 말을 기억해야 합니다.

+++

나는 나를 위해 타인을 이해합니다.

나 자신에게 좋은 사람이 되려면

더 많은 사람을 이해해야 합니다.

'그럴 수 있지.'

'힘든 일이 있나 봐.'

'급한 일이 있구나.'

남을 이해하려는 마음이 나를 키웁니다.

인간을 망치는 가장 슬픈 현실은
허세에 길들여지는 것이다

사치스러운 생활 속에서
행복을 구하는 것은
마치 그림 속의 태양에서
빛이 나기를 바라는 마음처럼
헛된 일이다.

– 나폴레옹 1세(Napoleon I)

"엄마 나도 사줘, 친구들은 이거 다 입고 다닌다고!"

"이 정도는 갖고 있어야 폼 나지 않을까?"

이런 말을 허세라고 하죠. 허세가 가득한 사람은 자기 손에 쥔 것들을 절대로 포기하지 못하고, 점점 더 많은 것을 가지려고 합니다. 그 과정에서 온갖 불행과 슬픔이 따라붙습니다. 억지스러운 감정과 욕심이 낳는 필연적 결과가 그렇습니다.

마음에 허세가 가득해지면 그걸 해결하려고 고민을 하게 되고, 고민은 마음의 병을 만들어 몸까지 지배합니다. 그럼 어떤 일이 벌어질까요? 네, 맞아요. 생각이 흐려지고 마침내는 사람 본연의 가치까지 잃게 됩니다. 그렇게 허세는 한 번 뿌리를 내리면, 그 공간이 완전히 망가질 때까지 떠나지 않습니다.

즐거움에는 다양한 종류가 있지만 허세는 '바보들이 찾는 즐거움'입니다. 없는 것을 갖고 있는 척 허세를 부리며 사느라 정작 그걸 얻기 위해 분투해야 할 노력의 시간은 갖지 못하기 때문이죠. 안타깝게도 순간의 만족을 위해 자신의 인생을 통째로 버리는 것과 같습니다.

자신이 뭔가를 갖고 있다면, 그게 무엇이든 굳이 그 사실을 증명하거나 세상에 자랑할 필요가 없습니다. 이때 중요한 건, 욕심과 목적을 구분하는 일입니다. 위대한 정신의 소유자는 목적을 통해 삶을 이끌지만, 어리석은 자는 허세와 사치를 부르는 욕심으로 삶에 끌려가기 때문입니다.

+++

모든 것을 갖고자 욕심을 내면

결국 모든 것을 잃게 됩니다.

허세와 사치는 지혜로운 자의 것이 아닙니다.

사치는 인품과 인성까지 모두 타락시킵니다.

자신이 원하는 게 무엇인지

분명히 아는 사람의 하루에는

허세가 끼어들 틈이 없습니다.

되는 일이 없는 날,
낭독하면 희망이 생기는 말

텅 비어 있어서 더 충만하고
불완전한 덕분에 더 아름답다.
나답게 산다면 그걸로 충분하다.

— 노자(老子)

"선생님한테 혼나기만 하고, 오늘 진짜 되는 일이 하나도 없네."

"신호등은 왜 이렇게 바로 앞에서 자꾸 빨간불로 바뀌는 거야!"

이렇게 하루 종일 되는 일이 하나도 없을 때가 정말 있습니다. 그럴 때 여러분은 어떻게 하나요? 자책하며 자신에게 안 좋은 말을 들려주나요? 그럼 오히려 더 안 좋은 소식이 찾아올 가능성이 높습니다. 되는 일이 없을 때는 아래 소개하는 열 가지 말을 주문처럼 낭독해 보세요. 그럼 기분이 한결 나아질 겁니다.

1   좋은 일이 생기려고 그러나 보다.

2   이것 역시 잘되기 위한 과정이야.

3   안 될 게 뭐가 있어!

4   첫발이 어려울 뿐

점점 나아질 거야.

5   할 수 있다고 생각하면

    결국 해내더라.

6   겨우 한 번 실패했을 뿐이야.

7   틀린 게 아니야.

    배워야 할 걸 찾은 거지.

8   내 기분은 내가 정하는 거야.

9   나는 꼭 내가 원하는 미래를 만날 거야.

10 포기하지 않고 걸어가면

    결국 도착할 거야.

간혹 여러분이 품은 꿈에 대해서 안 좋은 평가를 하는 사람도 있을 겁니다. 그럴 때는 정말 희망이 모두 사라지는 것만 같죠. 그땐 이렇게 생각하면 됩니다. 여러분이 품은 꿈을 함부로 비난하고 맹렬하게 저주를 퍼붓고 있는 그 사람은 결국 자신이 얼마나 무기력한 하루를 살고 있는지 증명하고 있는 거죠. 어떤가요? 그들의 비난과 저주는 결국 그들 자신을 향한 것이니 조금도 신경 쓸 필요가 없어집니다.

희망은 이렇게 스스로 찾아가는 겁니다.

+++

이미 지혜롭다면 지식을 뽐낼 필요가 없고

진실하다면 포장할 필요가 없습니다.

금에는 금박을 두르지 않는 법이죠.

아무리 되는 일이 없어도,

그리고 세상이 내게 나쁜 말을 해도

나는 흔들리거나 초조하지 않습니다.

나를 굳게 믿고 있으니까요.

2장

관계

모두에게
좋은 사람이 되지 않아도
너는 언제나 너에게
좋은 사람이다

나와 '잘 맞다'고 느끼는 친구는
나를 '맞춰주고' 있는 것이다

모두를 사랑하라.

그러나 몇 사람만 믿어라.

다만 누구에게도

잘못을 저지르지 말라.

– 윌리엄 셰익스피어(William Shakespeare)

"와, 나랑 정말 잘 맞는다."

"어쩜 넌 늘 나랑 생각이 같아!"

살다 보면 이런 느낌을 주는 친구를 만나게 되어 행복해질 때가 있습니다. 그러나 그건 정말 우연이거나 운명일까요?

제가 생각하는 진실은 이렇습니다. 나이와 상관없이 서로 잘 맞는다는 것은 누군가 한 사람이 섬세하게 맞춰주는 것이며, 언제나 대화가 잘 통한다는 것은 누군가 한 사람이 늘 귀 기울여 들어준다는 사실을 의미합니다.

여러분도 한번 생각해 보세요. 살면서 그런 멋진 사람을 몇 명이나 만나보았나요? 드라마에 나오는 소울메이트는 현실에서는 쉽게 나타나지 않습니다. 조개껍질 모양이 제각기 다르듯, 내 마음을 알아주고 내 생각을 늘 이해해주는 소중한 사람은 쉽게 만날 수 있는 존재가 아니기 때문입니다.

셰익스피어가 "모두를 사랑하되 몇 사람만 믿어라"라고 말한 이유도 바로 그 때문입니다. 모두를 같은 마음으로 사랑하지만, 믿음은 정말 나를 소중하게 생각하는 사람에게만 줘야 한다는 거죠.

맞아요, 세상에 저절로 맞는 건 없습니다. 또한 노력 없이 통하는 것도 없죠. 그런데 모든 게 저절로 되는 것처럼 자연스럽게 느껴진다면, 여러분에게 그 기적을 만들어주는 그 사람을 절대 놓치지 마세요. 그 사람은 여러분을 매우 아끼고 있으며, 여러분의 행복을 위해 사는 참 고마운 존재니까요.

+++

나는 '시간을 내서 내게 오는 사람'과

'시간이 나서 내게 오는 사람'이

내게 완전히 다른 마음을 갖고 있다는

사실을 잘 알고 있습니다.

물론 모든 사람이 다 소중하지만

나를 귀하게 여기는 사람들에게

더 많은 사랑과 행복을

선물하면서 살겠습니다.

내 결점을 말해주는 친구가
왜 더 소중할까?

나의 모든 말과 행동을
칭찬하는 사람보다는
결점을 친절하게 말해주는
친구를 곁에 둬라.

– 소크라테스(Socrates)

철학자 소크라테스는 어떻게 수많은 사람에게 지혜를 전해줄 수 있는 지성을 쌓을 수 있었을까요? 자신의 단점과 결점을 피하지 않고 마주하는 용기를 낼 수 있었던 덕분입니다.

실제로 그는 가난한 석공 집안에서 태어났지만, 친구를 비롯한 주변 사람들의 이야기에 귀를 기울였고, 자신에 대한 비난까지도 깊은 사색을 통해 반성과 깨달음의 계기로 삼았습니다. 이는 늘 솔직한 언어로 서로 날카로운 말을 주고받았던 그의 제자 플라톤과 크세노폰과의 관계에서도 확인할 수 있죠.

여러분에게는 어떤 친구가 있나요? 내게 좋은 말만 들려주는 사람도 물론 소중합니다. 하지만 우리가 더 소중하게 생각해야 할 사람은 '결점을 친절하게 말해주는 사람'입니다. 여기에서 핵심은 '친절하게'입니다. 그건 '단순한 용기'가 아닌 '다정한 용기'가 필요한 일이라서 그렇습니다.

여러분도 한번 생각해 보세요. 좋은 친구에게 굳이 듣기 싫은 말을 한다는 건 정말 어려운 일이죠. 큰 용기를 내지 않고는 할 수 없는 선택입니다.

그런 멋진 친구를 곁에 둔다면 여러분의 지성은 더욱 깊어질 수 있습니다. 결점을 극복하며 스스로 성장의 길을 걸어갈 수 있을 테니까요. 그러니 사탕발림으로 칭찬만 하는 친구가 아닌, 분별 있는 태도로 여러분의 결점을 친절하게 말해줄 수 있는 친구가 있다면 고맙게 여기고 절대로 놓치지 마세요. 그런 사람은 어디에서나 쉽게 만날 수 있는 친구가 아니니까요.

+++

친구는 '제2의 나'입니다.

나의 수준이 곧 친구의 수준입니다.

마음이 넓고 깊은 사람은

칭찬만 하는 친구를 만나지 않습니다.

나는 나의 결점을 알려주는 친구를

가장 소중한 사람이라고 생각합니다.

결점을 극복할 고마운 기회를 주니까요.

나도 누군가에게 그런 친구가 되겠습니다.

예의 바른 사람과 어울리면
내 수준도 높아진다

교육은 사람을 신사로 만들고,
대화는 신사를 완성시키며,
예의는 모든 문을 연다.

– 토머스 풀러(Thomas Fuller)

처음 만나는 사람인데 내게 너무 무례한 질문을 하거나
상식에 맞지 않는 행동을 해서 기분이 나빠질 때가 있습니
다. 그럴 때 우리는 그 사람을 보며 이런 생각을 하게 되죠.

"이 친구는 다시 보면 안 되겠다."

"만나면 나만 손해를 볼 것 같네."

"같이 있으면 불행한 일만 생길 것 같아."

'예의는 비용이 들지 않지만 모든 것을 살 수 있다'는
말이 저절로 실감되는 장면이죠. 예의는 어떤 문도 열 수
있는 마법의 열쇠입니다. 이걸 제대로 하지 못하면 한순간
에 모든 신뢰를 잃게 됩니다.

반대의 경우라면 어떨까요? 한마디 말과 행동에서도 예
의와 존중이 느껴진다면, 상대에 대한 호감이 점점 커져서
뭐든 해주고 싶을 것입니다. 그래서 우리는 예절을 배워야
합니다. 타인을 대하기 전에 다음의 두 가지 사항을 꼭 기
억해 주세요.

1   무엇보다 예절을 먼저 배워야 합니다.

    공부는 그다음의 일입니다.

    예절이라는 단단한 기반이 있어야

    배운 것들을 내면에 멋지게 쌓을 수 있습니다.

2   남에게 무례한 말과 행동을 하지 않으면

    나도 남에게 무례한 짓을 당하지 않습니다.

    내가 사람들에게 보여주는 수준이

    곧 내가 그들에게 받을 수준을 결정합니다.

  나의 수준 높은 교양과 예절은 무례한 사람들의 못된
말과 행동에 대한 최고의 방어책입니다. 그들이 어떻게 나
를 대하든 높은 수준의 예절로 스스로를 지킬 수 있죠.

+++

악취가 나는 사람은

잠시 참을 수 있지만

예의가 없는 사람은

잠시도 참을 수 없습니다.

뛰어난 사람일수록 예의가 바르다는 사실을

나는 누구보다 잘 알고 있으며

나 또한 이 사실을 실천에 옮기겠습니다.

잘해준다고 다
내 곁에 남는 건 아니다

풍요 속에서는
친구들이 나를 알게 되지만,
역경 속에서는
내가 친구를 알게 된다.

– 존 콜린스(John Collins)

"내가 얼마나 잘해줬는데 네가 그럴 수가 있냐?"

"나는 그렇게 애썼는데 진짜 실망이다!"

"왜 나는 생일 파티에 초대하지 않은 거야?"

누구에게나 친구들 문제로 힘들 때가 있죠. 정말 다양한 이유가 있겠지만. 그럴 때마다 이 말을 기억할 필요가 있습니다. "관심이나 사랑을 받으려고 애쓰고 있다면, 그건 좋은 관계가 아닐 가능성이 높습니다." 나는 싫은데 친구가 좋아하는 취미 활동을 같이하고, 내가 좋아하는 음식이 아닌데 친구에게 잘 보이고 싶어서 어쩔 수 없이 먹는다면, 그 결과가 과연 좋을까요?

모두와 좋은 관계를 유지할 수도 없고, 또 그럴 필요도 없습니다. 내 관심과 사랑을 상대가 원하지 않는다면, 애쓰는 것 역시 상대에게는 부담이 될 수 있습니다.

간혹 나를 배신한 친구를 보면 당장이라도 달려가서 따지고 싶을 때도 있죠. 하지만 굳이 그럴 필요가 없습니다.

쉽게 스칠 친구는 소문을 믿지만, 오랫동안 머물 친구는 내 말을 믿을 테니까요. 그깟 소문에 흔들릴 친구라면 그냥 나를 스치도록 두면 됩니다. 스스로에게 질문해 보세요. 그 친구는 무엇을 믿고 있나요?

쉽게 스칠 친구라면 굳이 많은 정성과 시간을 쏟을 필요가 없습니다. 그렇게 소모하는 모든 시간을 아껴서 오랫동안 머물 친구에게 선물하는 것이 서로를 위한 가장 지혜로운 선택입니다.

+++

모든 것이 풍족할 때는

친구를 대하는 나의 태도를 점검할 수 있고,

반대로 모든 것이 어려울 때는

나를 대하는 친구의 태도를 알 수 있습니다.

실망하거나 과도하게 기대할 필요는 없습니다.

좋은 친구는 어떤 일이 있어도

결국 내 곁에 남아 있을 테니까요.

때때로 마음은
눈에 보이지 않는 것을 본다

모두에게 친구인 사람은
어느 누구에게도 친구가 아니다.

– 아리스토텔레스(Aristotle)

참 중요한 말입니다. 정말 좋은 친구는 어떤 사람일까요? 공부를 잘하거나 돈을 잘 쓰는 친구일까요? 아니면 힘들 때 곁에 있어주는 친구일까요?

내가 힘들고 지칠 때, 날 떠나지 않고 곁을 지켜주는 친구도 물론 소중하지만, 그보다 더 소중한 친구가 있답니다. 그건 바로 내게 정말 좋은 일이 생겼을 때, 진심으로 축하해 주는 친구죠. 슬픈 일이 생겼을 때 위로하는 건 쉽지만, 기쁜 일이 생겼을 때 축하하는 건 생각보다 더 힘든 일입니다. 아무리 친한 친구라도 질투라는 감정은 쉽게 버릴 수 있는 것이 아니기 때문이죠.

여러분도 한번 생각해 보세요. 나보다 더 시험을 잘본 친구에게 진심으로 축하한다는 이야기를 할 수 있나요?

"내가 더 열심히 했는데!"

"야, 운이 좋았구먼!"

대부분 이런 질투심에서 나온 말이 먼저 입술로 올라올

것입니다. 하지만 진짜 좋은 친구는 질투심을 내려놓고, '축하하고 싶다'라는 예쁜 마음을 꺼내죠.

"축하해, 잘할 줄 알았어!"

"역시 내 친구야, 멋지다."

"너처럼 나도 앞으로 더 열심히 해야겠다."

모두의 친구가 아닌, 나만의 친구를 찾으려면 마음을 볼 수 있어야 합니다. 내게 축하할 일이 생겼을 때, 친구들이 하는 말과 표정을 보면 그동안 발견할 수 없었던 것을 새롭게 깨닫게 됩니다. 바로 '마음'이죠. 마음이라는 통로를 통해서 우리는 평소 친구가 나를 어떻게 생각하고 있는지 생생하게 알아볼 수 있습니다. 이렇게 마음은 눈에 보이지 않는 것을 볼 수 있게 해줍니다.

+ + +

모두의 친구가 아닌

나만의 친구를 알아보고 싶다면

내게 좋은 일이 생겼을 때

친구의 말과 표정을 보면 됩니다.

그럼 마음이라는 통로를 통해

그 친구의 진실한 마음을 알 수 있습니다.

내 인간관계를 '사람들의 정원'으로
만드는 7가지 조언

산, 강, 그리고 도시만을 생각한다면
분명 세상은 공허한 곳이지만,
비록 몸은 멀리 떨어져 있더라도
우리와 같이 생각하고 느끼는 그 누군가가
어딘가에 있다는 사실을 깨닫게 되면
지구는 '사람이 사는 정원'이 될 것이다.

– **요한 볼프강 폰 괴테**(Johann Wolfgang von Goethe)

사람과 사람 사이에는 빈 공간이 있어서 서로 떨어져 있으면 아무런 영향을 미칠 수 없습니다. 그래서 사람과 사람은 만나야 하죠. 괴테의 말처럼 그래야 사람이 사는 아름다운 정원을 만들 수 있기 때문입니다. 하지만 어떤 사람은 차라리 만나지 않는 게 나을 수도 있죠. 그가 여러분이라는 흙에 제대로 뿌리내리지 못한다면, 그도 나무로 자랄 수 없고 여러분도 정원이 되어 존재의 향기를 전할 수 없습니다.

서로가 각자의 향기로 빛나는 인간관계를 맺고 싶다면, 다음 일곱 가지 조언에 귀를 기울이면 됩니다. 낭독과 필사로 여러분 내면에 담아주세요.

1   똑같은 말도 굳이 못되게 하거나

예쁘게 말하지 않는 사람이 있습니다.

그들과 어울리는 건 좋지 않아요.

당장 영향을 받진 않지만

마음속에 나쁜 기운을 남겨놓기 때문입니다.

2   같은 상황에서도 그 안에 존재하는

    장점과 경탄할 부분을 찾아

    듣기 좋게 소개해 주는 사람이 있습니다.

    그들을 주변에 많이 두세요.

    그럼 여러분도 곧 그런 능력을

    갖게 될 것입니다.

3   조언을 가장한 듣기 싫은 말을

    습관처럼 자주 하는 사람을

    굳이 곁에 둘 필요는 없습니다.

    그들 마음속에 여러분에 대한 애정이

    조금도 없을 가능성이 높기 때문입니다.

4   감정의 변화가 거의 없어서

    예측이 가능한 사람을 자주 만나세요.

    세상에서 가장 강한 사람은 크게 소리치며

    강인함을 보여주는 사람이 아니라

    조용히 자신에게 주어진 것을

    견디는 사람이기 때문입니다.

5   '그건 사소한 문제야!'

'하찮은 것에 너무 신경을 쓰네!'

이런 식으로 모든 것을 사소하거나

하찮다고 생각하는 사람은

멀리하는 게 좋습니다.

한 사람의 표현과 생각은 곧 습관이 되는데

습관은 결코 하찮은 것이 아니기 때문이죠.

6   이기적인 순간이 필요할 때도 있습니다.

하지만 이기적이기만 한 사람은

피하는 게 좋습니다.

그 안에 빠지게 되면 너그러운 것이 무엇인지

그 선한 감각마저 잃게 됩니다.

7   훌륭한 연설보다 위대한 건

훌륭한 본보기를 보여주는 일입니다.

화려한 말보다 곧은 행동이 더욱 강력하게

그 사람의 가치를 증명하죠.

어떤 설득보다 강력한 행동을 보여주는

사람이라면 평생을 함께해도 좋습니다.

+++

내가 사는 마음의 정원에는

다정하고 예쁘게 말하는 사람만 있습니다.

그 정원 안에서 우리는

서로의 멋진 성장을 응원합니다.

나의 내일을 더욱 기대하는 이유가

바로 여기에 있습니다.

보이지 않게 은근히
나를 공격하는 사람 대처법

모든 상황에는 두 개의 손잡이가 있다.
하나는 그 상황을 견딜 수
있게 해주는 손잡이고,
다른 하나는 그 상황을 견딜 수
없게 만드는 손잡이다.

– 에픽테토스(Epictetus)

교실이나 학원 같은 오프라인에서든 온라인에서든, 사람이 모인 공간에서는 보이지 않게 은근히 나를 공격하는 사람이 꼭 있습니다. 남들은 그냥 쉽게 넘어가는 일도 하나하나 트집을 잡아서 아주 교묘하게 공격합니다. 참 특이한 건, 생각하면 할수록 기분이 더 나빠진다는 사실입니다. 그 이유는 간단합니다. 자신은 현명하고 좋은 사람이라는 타이틀을 유지한 채 나를 깎아내리고 싶은 욕심에서 나온 말이라서 그렇습니다. 그래서 구사하는 말이 매우 교묘합니다. 그런 사람에게는 이렇게 반응해야 합니다.

'철저한 무대응.'

물론 그런 사람이 던지는 온갖 말과 글들은 당장 개입해서 해결하고 싶다는 생각이 들도록 강하게 우리를 자극합니다. 하지만 그 자극에 걸려드는 순간, 여러분의 하루는 철저하게 망가져 최악이 됩니다.

온라인에서라면 아예 무반응으로 대처하면 되고, 그냥

스칠 수 없는 오프라인에서는 "어? 그래", "그렇군요", "그 래요?"라고 간단하게 대응하고 바로 잊어버리는 게 좋습니 다. 핵심은 그가 만든 악취 가득한 공간에서 빠르게 빠져나 가는 것입니다.

+++

나를 기분 나쁘게 만드는 말로

교묘하게 공격하는 사람이 주변에 있다면,

그냥 무대응으로 지나가는 게 좋습니다.

항의하고 반박할 수도 있겠지만

내 하루는 그렇게 소모할 수 없을 정도로

정말 소중한 가치를 담고 있으니까요.

혼자 남는 것이
두렵지 않은 사람의 특권

인간이 관계를 맺는 이유는
그게 좋아서가 아니라
혼자 남는 게 두려워서다.
고독은 뛰어난 정신을 가진 자의
특권과도 같은 것이다.

- 쇼펜하우어(Schopenhauer)

"난 왜 이렇게 친구가 없지?"

"나도 인기 많은 사람이 되고 싶은데!"

"결국 나한테 어떤 문제가 있는 걸까?"

감성이 섬세해지는 사춘기 시절에는 충분히 이런 생각과 고민을 할 수 있습니다. 하지만 한번 잘 생각해 보세요. 이 고민의 문제가 과연 어디에 있을까요? 잘 읽어보면 세 가지 문제를 찾을 수 있습니다.

1   친구가 많아야 한다는 강박

2   내가 변해야 한다는 착각

3   문제는 내게 있다는 오해

이런 강박과 착각, 그리고 오해는 어디에서 나온 걸까요? 간단합니다. 바로 이런 마음이죠.

"혼자 남는 게 너무 두렵다."

저도 그 나이 때 생생하게 경험해 봐서 잘 알고 있습니다. 혼자 남는 건 많은 사람에게 참 두려운 일이죠. 그런데 반대로 생각하면 이런 멋진 사실을 알 수 있습니다. 아무나 할 수 없는 '혼자 남는 일'을 자주 하며 즐길 수 있다면, 아무나 도달할 수 없는 수준에 올라가지 않을까요? 맞습니다, 그래서 쇼펜하우어 역시 "고독은 지적인 사람만이 해낼 수 있는 특권과도 같은 행위"라고 말했죠.

한번 시도해 보세요. 누구든 자신을 믿는 마음 하나만 갖고 있다면, 어렵지 않게 고독을 즐길 수 있습니다.

+++

혼자 남는 건 두려운 일입니다.

하지만 나는 혼자서도 강한 사람이

다른 사람의 손을 잡을 때,

비로소 서로에게 힘을 줄 수 있다는

멋진 사실을 알고 있습니다.

"사람을 쉽게 믿지 말라"라는
말에 대하여

만약 누가 믿음을 잃었다면
그에게는 의지하고 살 수 있는
무엇이 더 남아 있겠는가?

− 로저 베이컨(Roger Bacon)

"사람은 쉽게 믿는 게 아니다"라는 말에 대해 어떻게 생각하나요? 다양한 의견이 있을 수 있습니다. 그러나 결론은 크게 다르지 않을 것입니다. 사람을 너무 쉽게 덜컥 믿지 말고 조심조심해서 살펴야 나중에 후회하지 않는다는 것이죠.

하지만 저는 완전히 다르게 생각합니다. 지금도 수많은 사람이 외치는 "사람은 쉽게 믿는 게 아니다"라는 말은 사실 "사람은 어렵게 믿어야 한다"라는 말과 같습니다. 이게 과연 무슨 의미일까요?

쉽게 믿고 쉽게 배신을 당하는 사람을 보며 우리는 보통 순진하다거나 사람을 잘 믿는 좋은 사람이라고 생각하죠. 하지만 그렇지 않습니다. 사람을 쉽게 믿는다는 건, 내가 좋은 사람이라는 의미가 아닙니다. 오히려 이런 사실을 담고 있죠.

1 늘 대충 생각하고 판단한다.

2 좋은 게 좋은 거라며 넘긴다.

3 판단을 잘 내리지 못한다.

4 삶에 있어 기준이 없다.

5 상대를 중요하게 생각하지 않는다.

6 굳이 생각할 가치를 느끼지 못한다.

결국 누군가를 쉽게 믿었다는 건, 그 사람을 쉽게 생각하고 가볍게 대했다는 증거입니다. 극단적으로 말한다면, 배신을 당했다고 뭐라고 할 일이 아니라 오히려 그에게 미안할 일이죠.

사람을 쉽게 믿지 마세요. 베이컨이 강조한 것처럼 이제는 어렵게, 차근차근 정성을 다해서 믿어야 합니다. 그 사람이 소중하다면 더욱 어렵게, 그리고 굳게 믿어야 합니다. 그게 사람을 진실로 대하는 지성인의 풍모입니다. 그러기 위해서는 과정을 보는 연습을 해야 합니다. 그래야 과정에 더욱 충실하게 되니까요.

+ + +

눈에 보이는 결과도 아름답지만

보이지 않는 과정은 더 아름답습니다.

모두의 눈에 보이는 것이 아니라서

언제나 '보이지 않는 것'이

'보이는 것'보다 귀하고 아름답습니다.

나는 오랫동안 차근차근

보이지 않는 그것들을

바라보며 찾겠습니다.

인연과 사람에 대한
지혜로운 판단을 돕는 13가지 기준

지성인이라면
적을 사랑할 수 있을 뿐 아니라
친구를 미워할 수도 있어야 한다.

- 프리드리히 니체(Friedrich Nietzsche)

1   좋은 친구가 아니라면
    굳이 사귈 필요가 없습니다.

2   외롭다고 사람을 만나면
    그 사람이 나를 더 외롭게 만듭니다.

3   행복한 상태에서 사람을 만나면
    그 사람이 나를 더 행복하게 해줍니다.

4   심심해서 만난 사람은 조만간
    오히려 심심했던 시절이 좋았다고
    생각하게 만들어줄 것입니다.

5   수준 낮은 사람을 만날 바에는
    외로움을 견디는 게 낫습니다.

6   자신보다 나은 사람을 친구로 만나세요.
    사람은 자신이 만나는 사람의
    수준을 따라갑니다.

7   그래서 우리는 늘 스스로

더욱 좋은 사람이 되기 위해 노력해야 합니다.

8   모두가 자기보다 나은 사람을

    만나려고 하기 때문입니다.

9   결국 내가 만나는 사람이

    곧 나의 수준입니다.

10 또한 가장 나쁜 사람들에게는

    최고의 능력이 하나 있으니

    자기보다 못한 사람을 알아보는 안목입니다.

11 그러므로 배신을 자주 당하거나

    주변에 이상한 사람이 자주 나타난다면

    자신의 수준을 먼저 돌아보세요.

12 모든 인생은 결국 나 자신이

    하나하나 만들어나가는 작품입니다.

13 대작인지 졸작인지, 그 결과는

    나의 수준에 달려 있습니다.

살면서 인연과 사람에 대해 지혜롭게 판단하는 일은 정말 중요합니다. 우리는 결국 사람을 만나 인연을 맺으며 자신의 하루를 살게 되니까요. 그러니 이 열세 가지 기준을 잘 읽어보세요. 그런 후에 다음의 글을 필사해 본다면 좀 더 명확하게 그 기준을 정할 수 있을 겁니다.

+++

'사람'이 아니라 '상황'을 보면 속지 않습니다.

나는 '누가 옳은가'보다

'무엇이 옳은가'를 생각합니다.

'무엇'에 집중해야

지혜롭게 판단할 수 있습니다.

생각을 바꾸면
인생까지 바꿀 수 있다

가난은 스스로 가난하다고
느끼는 곳에만 존재한다.

– 랄프 왈도 에머슨(Ralph Waldo Emerson)

"우리 집은 왜 이렇게 작지?"

"창피해서 친구들도 초대하지 못하겠어."

"가난하니까 갖고 싶은 것도 살 수가 없네."

여러분 생각이 다 맞습니다. 가난은 사람 마음을 참 힘들게 합니다. 돈만 많으면 뭐든 할 수 있을 것 같은데 말이죠. 하지만 인간에게 지성이 존재하는 이유는 뭘까요? 인간이 동물과 다른 이유는 스스로 자신이 사는 환경을 '새롭게 정의' 내릴 수 있다는 것입니다.

가난도 마찬가지입니다. 같은 환경에서도 누군가는 충분히 만족하며 희망을 품고 있지만, 다른 누군가는 늘 불만만 가득해서 비난과 증오의 언어만 내뱉으며 살죠. 여러분은 어떤 생각을 하고 있나요?

가난은 스스로 자신을 정의할 수 없습니다. 여러분이 가난하다고 느끼면 순식간에 여러분은 가난해지는 거죠. 자신에게 현재 없는 것만 원하면 가진 게 없는 사람이 되지만, 있는 것을 바라보면 얼마든지 당장 가진 사람이 될 수 있습니다. 그리고 있는 것을 바라보려면 생각을 이렇게 바꿔야 합니다.

+++

나의 생각은 곧 나의 시선이 되고,

나의 시선은 나의 환경을 결정합니다.

생각을 바꾸지 않으면

환경을 아무리 바꿔도

내 하루는 결코 달라지지 않습니다.

좋은 생각으로 세상을 바라보면

내가 사는 환경도 저절로 좋아집니다.

좋은 인생으로 성장하도록
이끄는 3가지 질문

이 책의 앞표지와 뒤표지는
너무나 멀리 떨어져 있다.

– 앰브로즈 비어스(Ambrose Bierce)

대체 무슨 의미일까요? "앞표지와 뒤표지가 너무나 멀리 떨어져 있다"는 말, 여러분은 어떻게 생각하나요?

저는 지금까지 100권이 넘는 책을 썼습니다. 여러분에게 하나 물어보겠습니다. 책 한 권을 쓸 때, 가장 마지막에 쓰는 부분은 어디일까요? 에필로그? 감사의 말? 아닙니다. 저는 프롤로그를 가장 마지막에 씁니다. 정확하게 말하면, 프롤로그를 쓰면서 원고 집필을 시작하지만 가장 마지막에 프롤로그를 다시 씁니다.

이유는 아주 간단합니다. 원고를 쓰는 내내 제가 정말 많이 달라지기 때문이죠. 세상의 언어로 말하자면 '성장해서' 그렇습니다. 처음 프롤로그를 쓸 때는 맞다고 생각하며 썼지만, 원고를 쓰는 내내 급격하게 성장해서 마지막에는 전혀 다른 부분이 보이니 새로 쓰지 않을 수가 없는 거죠. 그 과정을 책으로 표현하면 이렇겠네요.

'앞표지와 뒤표지가 너무나 멀리 떨어져 있다.'

작가와 독자 모두를 변하게 만드는 좋은 책의 프롤로그는 이렇게 대부분 가장 마지막에 완성이 됩니다. 좋은 인생도 마찬가지겠죠. 작게는 아침과 저녁이 다른 삶, 크게는 작년과 올해가 다른 삶이 바로 좋은 인생일 것입니다. 그런 삶을 살고 싶다면, 다음 세 가지 질문을 낭독과 필사를 통해 자신에게 들려주세요. 사람은 결국 반복해서 경험한 것들로 자신을 완성하는 법이니까요.

+++

나의 오늘은 어제와 무엇이 다른가?

오늘 나는 충분히 몰입했는가?

내일의 내게 들려주고 싶은 말은 무엇인가?

내 생각은 나만의 것이고
내 마음은 틀린 게 아니다

인간은 자유로운 존재여야 하며
스스로의 생각으로 자립해야 한다.
모든 인간에게는 자유롭게 사고하고
세상에 표현할 권리가 있다.

– 임마누엘 칸트(Immanuel Kant)

간혹 제 글을 읽을 때, 너무 확신이 가득한 뉘앙스로 무언가를 주장하면 불편할 때도 있을 겁니다. 제 글에서뿐만이 아니라 어디에서든 그런 불편한 감정이 들 때가 있을 텐데요. 이유가 뭘까요? 그건 그 누군가가 자신의 생각을 분명하게 주장해서 그렇습니다. 그때 사람들은 이렇게 비난 어린 반박을 합니다.

1   너무 주관적인 생각이 아닌가요?
2   다 그런 건 아니잖아요.
3   전 안 그런 경우도 있던데요.

여러분도 이런 비난이나 반박을 받는 게 두려워 SNS에 이미 쓴 글을 지우거나 비공개로 돌리기도 하지 않나요? 하지만 그럴 필요가 전혀 없습니다. 제가 이 비난 가득한 말들에 하나하나 해석을 달아보겠습니다.

1   너무 주관적인 생각이 아닌가요?

→

그럼 너무 객관적인 글을 써야 하나요?

글은 원래 주관적이라서 빛나는 겁니다.

내 생각은 나만 아는 거니까요.

2   다 그런 건 아니잖아요.

→

세상에 다 그런 건 없습니다.

그래서 글이 특별한 거죠.

내게만 그런 걸 찾아서 썼으니까요.

3   전 안 그런 경우도 있던데요.

→

그럼 당신의 그런 경우를

지금 글로 열심히 쓰시면 됩니다.

제가 그렇게 글을 쓴 것처럼.

+ + +

인간은 자유로운 존재라는 칸트의 말처럼

글은 내 생각과 마음을 쓰는 겁니다.

내 생각은 나만의 것이고,

마음은 결코 틀리지 않습니다.

그러니 아무런 걱정도 필요하지 않습니다.

그저 쓰면 됩니다.

쓰는 만큼 성장하는 거니까요.

비난을 견딜 용기를 내면
만날 수 있는 세계가 넓어진다

비판을 피하려면
아무 말도 하지 말고
아무것도 하지 말고
아무것도 되지 말라.
인생의 궁극적 가치는 생존이 아니라
깨달음과 사색의 힘에 달려 있다.

– **아리스토텔레스**(Aristotle)

"너는 뭘 잘하니?"

누군가의 질문에 정말 내가 잘하는 걸 자세하게 설명하면, 그 사람은 여러분이 겸손하지 않다고 생각할 수 있습니다. 그리고 이번에는 반대로, 내가 잘하는 걸 굳이 답하지 않는다면, 자신감이 없는 사람이라고 생각할 수도 있겠죠. 어떤가요? 여러분이 세상의 질문에 답하는 모든 말은 언제든 오해를 불러일으킬 수 있습니다. 아마 이런 황당한 경험을 많이 해봤을 겁니다. 세상에는 어떻게 말하든 오해하는 사람이 있고, 어떻게 말하든 이해해 주는 사람도 있습니다.

중요한 건, 어떤 상황이든 결과는 여러분이 결정할 수 없다는 사실입니다. 누구나 비난을 받고 피해를 보는 게 두렵습니다. 하지만 그게 두렵다면 아무것도 시작할 수가 없습니다. 인생의 가치는 비판받지 않는 것이 아니라 '그럼에도 불구하고' 깨달음을 얻겠다는 의지에 있으니까요.

그러니 전혀 신경 쓰지 마세요. 그저 여러분은 스스로

생각한 것을 자신 있게 세상에 보여주면 됩니다. 결과는 내가 결정할 수 없지만, 시작과 과정은 늘 내가 주도할 수 있으며 그 안에 가치를 담을 수 있으니까요.

+++

뜻이 분명하고 진실한 사람은

어떤 비판의 소리도 이겨냅니다.

그들이 아무리 뒤에서 화살을 쏴도

나는 늘 전진하기 때문에

화살이 떨어진 자리에 나는 없습니다.

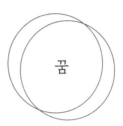

3장

꿈

스스로 포기하지 않으면
미래는 결국 너의 편이다

결국 꿈을 이뤄내는 사람은
보내는 하루가 다르다

믿음을 가진 한 명이
흥미만 있는 99명을 이길 수 있다.

- 존 스튜어트 밀(John Stuart Mill)

"나 요즘 이런 흥미가 하나 생겼어."

이렇게 시작한 일에서 뭔가 결론을 내지 못하거나 중간에 포기한 적이 있나요? 이유가 뭘까요? 그건 바로 '흥미'와 '믿음'의 차이 때문입니다. 단순한 흥미는 주변의 반대에 부딪칠 때 포기하게 되지만, 믿음을 갖고 시작한 일은 쉽게 포기하지 않고 결국에는 끝을 보게 되죠. 어떤 분야에 있든 모든 꿈은 '세 단계의 과정'을 거쳐서 현실이 됩니다.

처음에는 "네가 그걸 할 수 있겠어?"라는 '멸시'를 당합니다. 가능성 자체를 하찮게 취급하지요.

다음에는 "굳이 그걸 할 필요가 있을까?"라는 '반대 의견'에 부딪치게 되죠. 이유는 간단합니다. 실제로 당신의 꿈이 비현실적이라서가 아니라 누가 봐도 정말 멋져서 이루어지지 않기를 바라기 때문입니다.

마지막으로, 마침내 꿈을 거의 다 이룰 것 같은 단계에 오면, 그들은 '변명'으로 가득한 이런 이야기를 들려주죠.

"너니까 가능하지. 나는 환경이 받쳐주지 못해서 불가능해."

주변 의견에 상관없이, 꿈을 간직했다면 그냥 나아가면 됩니다. 그들은 그저 여러분의 꿈이 이루어지면 외롭게 혼자 남을 자신의 미래가 처량할 것 같아서 적극적으로 반대하는 겁니다. 그러다 결국 여러분이 모든 노력을 다해 마침내 꿈을 이루면 어떻게 될까요? 멸시하고 반대하던 그들은 누구보다 빠르게 다가와 따스한 음성으로 이렇게 말할 겁니다.

"그럴 줄 알았어. 나는 처음부터 네가 꿈을 이룰 수 있을 거라고 믿었어."

혹시 지금 누군가 여러분의 꿈을 멸시하고 비현실적이라고 비난하나요? 그건 우울한 소식이 아니라 오히려 기쁜 일입니다. 여러분의 꿈이 누가 봐도 멋지다는 사실을 증명하는 현상이니까요. 이제 꿈을 이룬 자신의 모습만 상상하며 앞으로 뛰어가면 됩니다. 꿈을 이룬 나의 현실이 모든 것을 바꿀 테니까요. 그러니 여러분이 보내는 하루에 더욱 집중하세요.

+ + +

나는 뭐든 목숨을 걸지 않아.

대신 일상을 걸고 하지.

목숨은 한 번만 걸 수 있지만

일상은 매일 걸 수 있잖아.

나는 매일 점점 더

꿈에 가까이 다가서고 있어.

매년 꼬박꼬박
더 큰 나를 만드는 법

대체 어디를 걷고 있는가?
그건 다른 사람의 길이 아닌가?
걷기 힘든 이유가 바로 거기에 있다.
너는 너의 길을 걸어라.
그럼 멀리까지 갈 수 있다.

– 헤르만 헤세(Hermann Hesse)

여러분도 챗GPT의 존재에 대해서 많이 들어봤죠? 혹시 두려운가요? 아니면 별 관심이 없나요? 챗GPT와 경쟁하는 세상에는 다음 세 가지 종류의 사람이 있습니다.

첫 번째는 비전문가입니다. 그들은 보고 듣고 배운 것을 머리에 담기만 합니다.

두 번째는 전문가입니다. 그들은 머리에 담은 그것들을 말과 글로 표현할 수 있습니다.

마지막으로 예술가가 있습니다. 그들은 왜 자신이 그렇게 표현했는지 설명할 수 있죠.

자신이 보고 듣고 느낀 것을 글로 쓴 후, 왜 그렇게 썼는지 설명할 수 있다면 누구든 자기 삶의 예술가로 살 수 있습니다. 그러면 매년 꼬박꼬박 더 큰 자신을 만날 수 있습니다. 그 비결이 어디에 있을까요? 바로 '매년 10% 나아지는 글쓰기'입니다. 간단하게 설명하면 이렇습니다. 여러분도 각자 자신의 삶에서 적절히 활용해 보세요.

1 매일 원고지 10매 이상의 글을 쓰자.

2 어떤 일이 생겨도 반드시 쓴다.

3 매년 쓰는 분량을 10% 늘리자.

4 덜 쓰거나 무리해서 많이 쓰지 않는다.

5 다만, 매년 꼬박꼬박 10%를 늘린다.

이렇게 해서 저는 지금 누가 봐도 '그게 가능해?'라고 할 만큼의 수준에 도달했습니다. 이제는 하루에 원고지 10매 정도가 아니라 50매 이상의 글을 쓰고 있죠. 물론 제가 글만 쓰며 사는 것도 아닙니다. 제 삶에서 글쓰기를 빼더라도 늘 해야 할 일이 빼곡한 하루를 바쁘게 보냅니다. 글을 쓰지 못할 이유는 많지만, 그럼에도 저는 매일 온갖 이유를 이겨내며 꼬박꼬박 글을 썼습니다. 그렇게 매년 10% 이상 써나갈 분량을 늘렸죠.

여러분도 당장 매일 원고지 10매 분량의 글을 쓰는 삶을 시작하면 제가 지금 도달한 현실을 만날 수 있습니다. 더 큰 여러분이 되어 챗GPT와 사는 세상에서 그들을 이끄는 멋진 리더가 되길 응원합니다.

세상에서 가장 이상적인 투자는

나 자신을 나아지게 하는 투자입니다.

나는 나를 속이지 않기 때문이죠.

매년 나는 꼬박꼬박 나의 크기를 확장합니다.

자신을 믿고 실천하기만 하면

누구나 가능한 일입니다.

새로운 생각이 늘
반대에 부딪치는 이유는 뭘까?

모든 진실은 세 가지 과정을 거친다.

첫째, 조롱당한다.

둘째, 심한 반대에 부딪친다.

셋째, 분명한 진실로 받아들여진다.

– 쇼펜하우어(Schopenhauer)

"글쎄, 그건 쉽지 않을 것 같은데."

"넌, 진짜 그게 될 것 같아?"

"치, 그렇게 쉬웠다면 이미 누군가 했겠지!"

최근 이렇게 의심을 받거나 조롱을 당하거나 심한 반대에 부딪치는 순간을 경험한 적이 있나요? 그럼 축하합니다. 그건 우울할 일이 아니라 내가 성장하고 있다는 가장 분명한 증거라서 그렇습니다.

내가 생각한 것을 글로 쓰거나 말로 전했는데 조롱당하거나 반대에 부딪친다는 건 무엇을 의미하는 걸까요? 맞습니다. 여러분이 하고 있는 일이 새로운 것이라 상대방이 이해를 하지 못한다는 거죠. 그건 누구의 잘못도 아닙니다. 모든 새로운 의견은 그런 과정을 거치니까요.

이 세상의 모든 위대한 것들은 모두 '창조성'이라는 나무가 키운 열매라고 생각하면 됩니다. 주위의 반대를 이겨내고 자신의 생각을 지켜내야 열매를 맺을 수 있습니다.

"그건 어려울 거야. 과연 네가 할 수 있을까?"라는 소리가 들릴 때마다 포기하거나 자신을 의심하지 마세요. 꼭, 끝까지 가세요. 그럼 여러분의 모든 생각은 결국 진실로 받아들여지게 될 것입니다.

+++

반대에 부딪친다는 것은 새롭다는 증거입니다.

나는 내가 품은 생각의 가치를 믿습니다.

내가 나를 포기하지 않는다면

내가 품은 생각도

나를 포기하지 않을 것입니다.

모든 시도는 치열하고
진실하며 아름답다

경험을 현명하게 사용한다면
어떤 일도 시간 낭비는 아니다.
중요한 건 늘 무언가를 소망하고
감동하고 사랑하며 사는 것이다.

- 오귀스트 로댕(Auguste Rodin)

"야, 그걸 누가 못하냐? 넌 그냥 운이 좋았던 거야!"

누군가 멋지게 이뤄낸 결과를 보며 이런 말을 해본 적이 있나요? 아마 누구나 한 번 정도는 그런 경험이 있을 겁니다. 혹시 지금 여러분은 누군가를 비난하고 있나요? 잘 모르는 사람이지만 괜히 싫은 사람이 있나요? 그렇다면 꼭 기억하세요. 원하는 결과를 얻기 위하여 최선을 다해 노력해 본 경험이 있는 사람은 지금 분투하며 노력하는 사람을 비난하지 않습니다. 직접 해봐서 그게 얼마나 귀하고 힘든 일인지 누구보다 잘 알고 있어서입니다.

마찬가지로 누군가를 열정적으로 사랑해 본 사람은 그 누구도 이유 없이 미워하지 않습니다. 사랑해 봐서 그게 얼마나 귀하고 가치 있는 일인지 경험을 통해 배운 덕분이죠. 결국 괜히 누군가를 미워하거나 비난한다면 그 이유는 '내 능력이 거기까지'라는 증거입니다.

로댕이 경험의 가치를 언급한 이유도 거기에 있습니다.

우리는 경험한 것만 이해할 수 있습니다. 늘 무언가를 소망하고, 사랑하고, 감동하며 살아간다면 새로운 것을 경험하는 동시에 멋지게 활용할 수도 있습니다.

+++

간혹 자신을 '쓰레기'라고 부르며

스스로를 비난하기도 하지만

그건 쓰레기를 잘 몰라서 하는 말입니다.

잘 생각해 보면 세상 모든 쓰레기는

이미 어딘가에서 치열하게 사용되었던 것들이죠.

한때 뜨거웠던 무언가를 본다는 건 그런 것입니다.

경험의 가치를 아는 사람은 쓰레기를 보며

더럽다거나 냄새가 난다고 비난하지 않습니다.

잘하고 싶어서
누구보다 애쓰고 있는 너에게

위인이나 위인의 조건에 대한 논쟁으로
시간을 낭비하지 마라.
스스로 위인이 되어라.

– 마르쿠스 아우렐리우스(Marcus Aurelius Antoninus)

"공부는 대체 왜 해야 하는 거야?"

"학원에 진짜 가기 싫은데!"

"그 친구는 왜 자꾸 짜증 나게 구는 걸까?"

"우리 집은 왜 분위기가 이럴까?"

이런 다양한 고민에 빠져서 괴로운 하루를 보내는 이유는 뭘까요? 간단합니다. 어제보다 오늘 더 잘하고 싶은 마음이 강렬해서 그렇습니다. 참 멋진 모습이죠. 그래서 이 책을 읽고 있는 여러분은 정말 아름답습니다. 스스로 더 큰 자신을 만들고 싶어서 나온 마음이니까요. 그럼 이제 우리에게 필요한 게 뭘까요? 바로 '조건'에 대한 생각을 지우는 것입니다.

1   공부를 잘하는 사람에 대한 조건

2   좋은 친구를 나누는 조건

3   따뜻한 가정을 구분하는 조건

스스로 잘하고 싶어서 애쓰고 있다면, 그 마음 하나로도 충분합니다. '내가 좀 부족한 게 아닐까?', '이게 정말 맞는 걸까?'라는 생각으로 자꾸만 조건을 떠올리면, 쓸데없는 고민만 깊어질 뿐입니다. 다음 메시지를 잘 기억해서 마음에 담아주세요.

+ + +

잘하려는 마음이 충분하다면

조건에 대한 고민은 지우는 게 좋습니다.

애쓰는 그 마음이 모든 것을 이기니까요.

공부와 친구, 따뜻한 집에 대한 조건을 논하기보다는

그런 것들을 모두 품을 수 있는 내가 되는 데

더 많은 노력을 투자하겠습니다.

인생이 '생각한 대로'
술술 풀리는 사람들

지금 가장 무서워하는
바로 그 일을 시작하라.
그러면 그 무서움은
곧 사라질 것이다.

– 랄프 왈도 에머슨(Ralph Waldo Emerson)

"저 친구는 늘 좋은 소식만 생기네!"

"왜 나만 이렇게 되는 일이 없지?"

"이상하게 저 사람은 뭘 해도 술술 잘 풀린단 말이야."

대체 이유가 뭘까요? 나만 재수가 없는 걸까요? 이 글의 제목을 다시 봐주세요. 인생이 '그냥' 술술 풀린다고 했다면, 그건 거짓이거나 과장일 수 있습니다. 하지만 '생각한 대로'라는 표현이 들어가 있죠. 여러분의 생각은 무엇보다 힘이 셉니다. 세상에 생각을 이길 수 있는 건 별로 없죠.

인간은 스스로 생각한 것만 이룰 수 있습니다. 당연한 말이지만, 생각하지 못한 건 눈으로 그리거나 글로도 표현할 수 없기에 현실로 만들 수가 없죠. 여러분의 하루가 술술 풀리지 않는 이유 역시 생각에 있습니다.

에머슨이 "가장 무서워하는 일을 시작하라"고 조언한 이유가 뭘까요? 처음에는 낯설고, 두렵고, 외롭지만 일단 시작해서 익숙해지면 뭐든 이해할 수 있게 되며 무엇보다 소중해지기 때문입니다. 소중해지면 그때부터는 완전히 다른 세계를 만날 수 있게 되죠. 사물이나 상황에 대한 다양한 생각을 시작할 수 있으니까요.

여기, 생각의 가치를 최고로 끌어낼 수 있는 일곱 가지의 말을 소개합니다. 가장 어려울 때 여러분께 도움이 될 말이니 정성스럽게 낭독하고 필사로 마음에 담아주세요.

+ + +

내가 시작하면 뭐든 가능하다.

좋은 순간은 반드시 온다.

낯설지만 어디 한번 해볼까!

뭐든 가치는 내가 정하는 거야.

다르게 볼 수 있는 방법이 있을 텐데.

같은 일도 내가 하면 다르지.

더 멋진 방법이 분명 있을 거야.

내일을 위한 최고의 준비는
오늘 최선을 다하는 것이다

완벽함이 아니라
탁월함을 위해서 노력하라.

- H. 잭슨 브라운 주니어(H. Jackson Brown Jr.)

"와, 나도 저렇게 무대에서 빛나는 사람이 되고 싶다."

"저 사람처럼 세계를 무대로 멋지게 살아보고 싶은데."

인생의 다양한 영역에서 성공을 이루고 멋지게 살아남은 사람의 모습은 누가 봐도 닮고 싶을 만큼 멋집니다. 그들이 하라는 대로만 하면 나도 성공할 수 있을 것 같죠. 하지만 살아남은 사람이 있다면, 침몰하는 배처럼 수면 아래로 사라진 존재도 있다는 사실을 늘 기억해야 합니다. 사라진 사람은 말이 없으니까요.

그들에게 그들의 방법이 있듯, 내게는 나만의 방법이 있습니다. 먼저 경험한 선배의 말을 물론 듣고 참고해야 하지만, 선택과 결정은 오직 나의 몫이죠.

다만, 이것 하나를 꼭 기억하세요. 살아남은 자에게는 운이 있었습니다. 많은 운이 그들을 도운 셈이죠. 하지만 내게는 운이 없을 수 있습니다. 이 냉정한 사실을 꼭 잊지 마세요. 그러니 살아남고 싶다면, 운이 전혀 없어도 잘될 수밖에 없는 단단한 자신을 만들어야 합니다. 운에 기대지 않고 해내려면 눈에 보이는 것, 그 이상을 해내야 합니다. 그게 바로 탁월해져야 하는 이유죠. 탁월이란 최선을 의미합니다. 인생은 우리가 최고가 될 것을 요구하지 않고, 단지 최선을 다할 것을 요구합니다.

+++

내가 지금 최선을 다한다면

실패에 대한 걱정을 할 필요도 없습니다.

최선을 다한 사람에게는

최선의 행운이 따르기 때문이죠.

내일을 위한 최고의 준비는

오늘 최선을 다하는 것입니다.

나는 인정받기 위해 일하지 않고

인정받을 만한 하루를 살겠습니다.

다시 시작하는 사람들을 위한
7가지 지혜

우리가 빛을 보기 위해
가장 집중해야 하는 시간은
가장 어두운 순간이다.

– 아리스토텔레스(Aristotle)

1 시간이 흐르는 것에 그만 신경을 쓰고

   시간처럼 꾸준히, 멈추지 말고 가세요.

2 완벽한 때와 공간은 이제 그만 찾고

   지금 서 있는 그 자리에서 시작하세요.

3 망설이는 사람은

   자유, 평등, 정의를 외치지만

   일단 시작한 사람은

   아무것도 외치지 않고 집중합니다.

4 시작하기 위해 완벽할 필요는 없습니다.

   시작하면 자연스럽게

   점점 완벽해집니다.

5 시작과 끝을 하나로

   연결할 수 있는 사람이

   세상에서 가장 행복한 사람입니다.

   이 말을 끝나는 날까지

잊지 말고 기억하세요.

6 스스로 시작하면

원하는 상황을 만들 수 있지만

때를 놓치면 상황에 맞는 선택을

강요받게 됩니다.

7 모두의 시작이 다 같은 건 아닙니다.

끝까지 갈 에너지를 다 채우고 떠나세요.

열정은 외치는 게 아니라

채우는 것입니다.

+++

어차피 가지 않을 사람은

길을 알려줘도 움직이지 않고,

가려고 작정한 사람은

길을 만들어서라도 갑니다.

새로운 길은 내가 스스로 만드는

세상에 하나뿐인 나의 예술 작품입니다.

매일을 멋지게 만드는
그날 하루 첫 생각

시간은 내가 가진 유일한 동전이고,
그 동전을 어디에 사용할지는
오직 나만 결정할 수 있다.
다만, 다른 사람이 내 동전을
써버리지 않도록 주의해야 한다.

– 칼 샌드버그(Carl Sandburg)

여러분은 일어나자마자 어떤 생각을 가장 먼저 하나요?

"이 지긋지긋한 하루, 또 시작이네!"

"부모님 잔소리, 진짜 짜증 나."

"오늘 하루도 고생할 텐데, 일어나기 싫어."

그렇게 생각하고 시작한 하루에서 여러분은 무엇을 느끼게 되나요? 좋은 소식은 전혀 들리지 않고, 자꾸 마음만 무거워집니다. 밤이 되면 힘이 다 빠져서 가장 부정적인 생각으로 가득한 내가 되어 있겠죠. 뭐든 살 수 있는 시간이라는 유일한 동전을 잘못 사용해서 그렇습니다.

여러분 생각이 모두 맞습니다. 인생은 결코 공평하지 않습니다. 출발선도 공평하지 않고, 과정과 결과까지 모두 공평하지 않죠. 하지만 세상을 공평이라는 기준으로만 바라보면 내가 할 수 없는 것들만 바라보게 됩니다. 그래서 우리는 누구에게나 공평한 '시간'이라는 재산을 중요하게 생각해야 합니다. 아침에 일어나자마자 자신에게 가장 다정한 음성으로 예쁜 말을 들려주세요.

"오늘 햇살 진짜 좋다."

"무슨 좋은 일이 생길까? 기대된다!"

"조금 일찍 일어나서 가뿐하게 시작하자."

이런 말을 들려주면 그 하루가 완전히 바뀝니다. 그럼 우리에게 주어진 시간이라는 동전을 가장 멋지게 활용할 수 있게 되죠.

+++

하루에는 24시간이 있고,

한 시간에는 1초가 수천 개나 있습니다.

지금 이 순간에도

나는 무언가를 할 수 있습니다.

시간이라는 재산이 있어서 가능한 일입니다.

내가 나를 포기하지 않는다면

시간은 영원히 나의 편입니다.

세상에서 가장 멋진
인플루언서는 바로 '이 사람'

느린 진전도 진전이다.
시간이 조금 걸려도
당장 이해하는 것보다
묻는 것이 더 중요하다.

– 피타고라스(Pythagoras)

인플루언서(influencer)라는 말은 각종 SNS에서 수십만 명 이상의 팔로워를 보유한, 영향력이 있는 사람을 지칭하는 표현입니다. 저는 세상에서 가장 멋진 인플루언서를 알고 있습니다. 그의 팔로워 숫자는 얼마나 될까요? 한번 예상해 보세요. 제가 운영하는 SNS의 팔로워 숫자가 40만 명 정도 되니까 제가 인정하는 사람이라면 적어도 저보다는 많을 것 같죠?

하지만 그렇지 않습니다. 그의 팔로워 숫자는 천 명 정도입니다. 그런데 왜 제가 그를 두고 '가장 멋진 인플루언서'라고 표현했을까요?

그는 매일 글을 써서 업로드를 합니다. 주변의 '반응'이나 '좋아요' 숫자에 연연하지 않고 끝없이 자신의 글을 씁니다. 아파도, 힘들어도, 외로워도 쓰죠. 인플루언서는 '영향력을 주는 사람'이라는 뜻이라고 했죠? 그렇습니다. 그는 자기 자신에게 강력한 영향력을 행사하는, 제가 아는 세상에서 가장 멋진 인플루언서입니다.

저는 이제 서른 살이 되었습니다. 글쓰기를 시작한 지 30년이 되었다는 말이죠. 다시 말해서, 저 자신에게 무언가를 묻고 답한 세월이 30년입니다. 쓰는 사람만이 앞으로 나갈 수 있습니다. 그래서 쓰지 않고 살았던 세월은 내 삶이 아닙니다. 써서 붙잡지 않으면 내가 보낸 시간은 모두 사라지니까요.

그렇다고 쓰지 않고 살았던 삶에 아무런 가치가 없는 건 아닙니다. 쓰기 위해 준비한 세월이라고 생각하면 되죠. 조금이라도 빨리 글쓰기를 시작하면 준비 기간을 줄일 수 있습니다.

제가 '쓰기'를 반복해서 강조하는 건 그만큼 멋진 일이라서 그렇습니다. 여러분도 지금부터 글을 쓰세요. 그러면 진짜 나의 인생을 시작하게 됩니다. 그 누구보다 나 자신에게 가장 강력한 영향력을 행사할 수 있습니다. 주름만 늘어난 0세 아이로 살고 싶지 않다면, 지금부터 조금씩 '쓰는 삶'을 살기로 해요.

+++

나는 내가 보내는 하루를

지금부터 글로 써서,

이 순간이라는 공간에

단단히 붙잡을 것입니다.

내가 보낸 시간이

나를 기억할 수 있도록.

매일 조금씩 전진할 수 있도록.

사람은 결국 자주 반복해서
들었던 말로 성장한다

내 언어의 한계가
내 세계의 한계를 결정한다.

– 루트비히 비트겐슈타인(Ludwig Wittgenstein)

20세기 현대미술을 대표하는 거장, 파블로 피카소(Pablo Picasso)는 훗날 자신의 성장 배경에 대해서 이런 흥미로운 말을 남겼습니다.

"내가 어렸을 때 어머니는 '네가 자라서 군인이 된다면 장군이 될 거야. 만약 수도사가 된다면 교황이 되겠지'라고 말씀하셨다. 대신에 나는 화가가 되었다. 그리고 나는 '피카소'가 되었다."

그는 자신의 그림이 그렇듯, 참 멋진 언어로 자신의 고유성을 표현했죠. 사람들은 이 말에서 마지막 문장에 더 집중하지만, 반드시 이 부분을 잊지 말아야 합니다. 어머니에게 반복해서 들었던 '군인'과 '장군', '수도사'와 '교황'이라는 말이 있었던 덕분에 '화가'와 '피카소'라는 말에 힘을 실을 수 있었다는 사실이죠.

그의 어머니는 어릴 때부터 피카소가 가진 언어의 한계를 반복해서 키운 것입니다. 장군이나 교황의 의미가 단순히 가장 높은 자리에 오르라는 말은 아니었습니다. 말의 힘을 아는 사람이라면 누구든 짐작할 수 있죠. 이 말에는 '너라면 뭐든 다르게 만들 수 있다'라는 뜻이 녹아 있습니다. 덕분에 그는 단순히 '좋은 화가'가 아니라 20세기 현대미술을 대표하는 '입체주의의 창시자'로 거듭날 수 있었습니다.

"내 언어의 한계가 내 세계의 한계를 결정한다"라는 비트겐슈타인의 말이 조금 어렵게 느껴질 수도 있습니다. 쉽게 이해할 수 있는 말은 아닙니다. 언어는 개인의 사고 수준에 따라 이해할 수 있는 범위가 제한적이라서 그렇습니다. 저는 여러분이 이 말의 의미를 꼭 이해할 수 있으면 좋겠습니다. 시간을 투자해서 이해할 가치가 충분하니까요. 다음에 소개하는 글을 여러 번 낭독하며 필사한다면, 조금씩 그 의미를 마음으로 이해할 수 있게 될 겁니다.

+++

사람은 자주 반복해서 들었던 말로

자신의 세계를 하나하나 만들어갑니다.

그래서 나는 나에게 언제나 아름답고

따스한 말을 들려주고 있습니다.

나는 오늘 나에게 들려준 말이

나를 키운다는 사실을 알고 있습니다.

무기력에서 벗어나
내 삶을 사는 법

사랑은 무엇보다도
자신을 위한 선물이다.

– 장 아누이(Jean Anouilh)

"아, 진짜 아무것도 하고 싶지 않다!"

"학교도 가기 싫을 정도야. 어쩌지?"

"나가서 친구도 만나고 싶지 않아. 다 귀찮아."

정말 그럴 때가 있습니다. 아무것도 하기 싫고 납작 엎드려서 숨만 쉬고 싶은 날. 그래서 꿈을 가슴에 품고 있는 사람이 가장 조심해야 할 대상이 바로 무기력입니다.

아무것도 하고 싶지 않아서 사는 것 자체가 지루한 일상에서는 빠르게 벗어나는 게 좋습니다. 물론 그게 쉽지 않아서 문제죠.

무기력에서 벗어나려면 가장 먼저 자기 자신을 사랑하는 시간을 가져야 합니다. 자신의 사랑을 스스로 느껴야 하죠. 우리가 이 넓은 세상에서 누군가를 만나 사랑하는 것도 기적이지만, 그보다 더 놀라운 기적은 '나'라는 자신을 만난 것입니다.

여러분 자신을 만난 것이, 여러분의 삶에서 가장 귀한

기적입니다. 타인과의 사랑은 언젠가 끝나지만 영원히 끝나지 않는 아름다운 로맨스는 자신에 대한 사랑일 테니까요.

내 마음이 자꾸만 예뻐지는 말, 생각만 해도 웃음이 나는 말. 그 모든 말을 가장 먼저 자신에게 매일 들려주세요.

1   나는 나를 사랑한다.
2   누가 뭐라고 해도 내 가능성을 믿는다.
3   역시 내게는 내가 최고다.

누구보다 소중한 자신에게 세상에서 가장 예쁜 말을 들려주세요. 여러분이라는 기적을 오늘 더 사랑해 주세요. 그리고 다음의 말을 잊지 마세요.

+++

내게는 내가 가장 소중합니다.
타인에게 의미 없는 박수를
100년 동안 받는 것보다,
단 1초라도 나 자신에게

박수 치는 하루를 사는 것이

더 빛나는 인생입니다.

묵묵히 때를 기다리는 사람에게 필요한 5가지 삶의 태도

훌륭한 책에도
지루한 부분이 있듯이
위대한 삶에도
재미없는 때가 있다.

– 버트런드 러셀(Bertrand Russell)

꿈이란 결국 기다림의 예술입니다. 그럼 기다린다는 건 무엇을 의미하는 걸까요? 기다리면 결국 내가 그토록 바라던 꿈을 성취할 수 있다는 믿음입니다. 이 힘든 시간을 묵묵히 기다리려면 다음 다섯 가지의 삶의 태도가 필요합니다.

1 깊이 생각하지 말고 그냥 하세요.

   하다 보면 깊어집니다.

   '깊이'는 실천한 시간이 주는 선물이지만

   고민한 시간은 아무것도 주지 않습니다.

2 안타깝지만 끼리끼리와 유유상종은

   변하지 않는 진리입니다.

   지금 주변을 욕하고 있다면

   그건 자신을 향한 욕이고,

   주변을 칭찬하고 있다면

   자신을 향한 칭찬이라는

삶의 진리를 잊지 마세요.

3   굳이 시니컬하게 생각하지 마세요.

멋진 사고방식은 매우 소중한 자산입니다.

늘 가능하다는 생각에서 계산을 시작하세요.

계산이 멋지게 서야 끝까지 달릴 수 있습니다.

4   최선을 다하는 마음은 아름답습니다.

그러나 365일 24시간 내내 애쓰지는 마세요.

자신을 망치면서까지 다하는 노력은

최선의 인생을 만들지 못합니다.

5   누구에게나 자신의 때가 있습니다.

기다리면 반드시 옵니다.

다만 서둘지 마세요.

서두르면 나만 지칩니다.

실패가 두려운 이유는 '지금 하려는 일'에 대한 이해도
가 낮아서입니다. 충분히 이해할 수 있다면 두려운 마음도
지울 수 있습니다. 꿈을 자꾸 더 생각하면 이해하게 되고,
나중에는 익숙해져서 두려운 마음도 사라지게 되죠. 다섯

가지 태도를 일상에서 유지하며 다음에 소개하는 글을 힘들 때마다 떠올려보세요. 그럼 더욱 단단한 자신을 만들 수 있습니다.

+++

내게는 나의 때가 있습니다.

조용히 나를 믿고 기다리면 됩니다.

열한 번 도전해서 실패하면

한 번 더 도전하면 됩니다.

열두 번 혹은 열세 번의 도전도 괜찮습니다.

내가 돌아서지만 않는다면

세상은 결국 내게 기회를 줍니다.

10번 반복해서 읽으면 만나게 될
나의 멋진 미래

운동은 의무적으로 해도
몸에 전혀 해롭지 않지만
강제로 배운 지식은
조금도 마음에 남지 않는다.

– 플라톤(Plato)

분명히 공부는 열심히 하고 있는데, 게다가 학원도 성실하게 다니고 있는데 성적이 오르지 않아 걱정이 많은 아이와 부모님을 만난 적이 있습니다. 저는 그 아이에게 매우 특별한 조언을 했어요. 방학을 이용해서 30일 동안 한 작가가 쓴 책만 반복해서 읽게 한 것입니다. 그 작가의 이름은 괴테이고, 책의 제목은 『괴테와의 대화』입니다.

그 아이는 방학 동안 그 책을 열 번 반복해서 읽었습니다. 이후 아이의 삶은 어떻게 변했을까요? 일상은 크게 달라진 게 없었습니다. 같은 책상에 앉아 같은 문제집으로 공부를 했고, 같은 학원에 다녔죠. 하지만 결과가 달랐습니다. 성적이 오르기 시작했으며, 동시에 내면이 탄탄해졌다는 사실이 느껴졌고, 구사하는 언어의 수준이 훨씬 높아졌습니다. 이 모든 변화는 어디에서 시작한 걸까요?

바로 '자기주도'입니다. 겉으로 볼 때 이 아이의 삶은 누구보다 성실했습니다. 대들거나 반항하지 않고 주어진 일에 최선을 다하는 것처럼 보였으니까요. 하지만 그동안 배운 모든 지식은, 아이 입장에서 볼 때 결국 강제로 주입된 것들이었습니다. 하라는 대로만 했기 때문이죠.

하지만 제가 소개한 괴테의 책을 통해 아이는 변하기 시작했습니다. 제가 괴테를 추천한 이유는 간단해요. 괴테는 최고 수준의 문해력을 갖고 있었으며, 고귀한 언어를 구사하는 사람이었고, 스스로 최고의 지성을 쟁취하려고 평생 분투한 사람입니다. 이 아이는 그런 그의 삶을 진하게 농축한 책을 열 번이나 반복해서 읽으며 자신도 모르게 그의 경쟁력을 흡수하게 된 것입니다.

만약 여러분이 이 책을 필사하고, 열 번 반복해서 읽는다면, 그런 놀라운 변화를 여러분의 것으로 만들 수 있습니다. 모든 것을 강제로 혹은 타의로 하던 삶에서 벗어나 스스로 하나하나 선택해서 주도적으로 할 수 있게 되니까요.

+++

같은 것을 해도, 스스로 하는 것과

명령을 받아서 하는 것은 다릅니다.

나는 필사와 낭독을 통해서

모든 것을 주도하는 삶을 시작할 것입니다.

나만 중간에 포기하지 않는다면

나는 꿈꾸는 모든 것을 해낼 수 있습니다.

4장

가치관

마음이 단단해지면
인생도 단단해진다

서툰 배려는 오히려
나를 망치는 지름길이다

사람은 자기 자신 말고는
누구도 의지해서는 안 된다는 사실을
깨닫지 못하면 아무것도 할 수 없다.

– 장 폴 사르트르(Jean Paul Sartre)

"친구를 배려하고 살아야지!"

"주변 사람들 의견도 중요하게 생각해야 돼."

"왜 너는 너만 생각하며 사는 거야?"

우리 주변에 가득한 말들입니다.

여러분은 배려가 무엇이라고 생각하나요? 자신을 포기하고 희생하는 것을 배려라고 여기며 산다면 삶의 만족은 점점 줄어들게 됩니다. 타인을 생각해서 나온 좋은 배려가 아니라 그저 눈치 보는 삶에서 억지로 나온 것이기 때문입니다. '눈치 보는 삶'을 '배려'라고 착각하면서 우리의 일상은 조금씩 사라집니다. 나는 사라지고 타인만 남기 때문입니다.

배려와 눈치 보는 삶을 구분하기란 정말 어렵고 힘듭니다. 그럴 때는 이 사실을 기억하면 좋습니다.

"무엇보다 내 행복과 만족이 먼저다. 세상이 요구하는 희생과 헌신은 결코 아무에게나 줄 수 있는 것이 아니다."

다른 사람의 생각이 아니라 나의 생각이 중요하고, 다른 사람의 평가가 아니라 나의 평가가 중요합니다. 자신의 기준도 없는 사람이 어떻게 남을 배려할 수 있겠습니까.

+++

나는 무엇보다 나 자신을

너무 힘들게 하지 않을 겁니다.

배려는 서로를 위해서 하는 것입니다.

누군가의 일방적인 희생과 헌신은

결코 좋은 배려라고 말할 수 없습니다.

세상이 아무리 좋다고 말해도

뭐든 일단 내가 좋아야

모든 게 다 좋은 것입니다.

꾸준한 반복이
진짜 무서운 이유

약속은 말이 아니라
행동으로 증명하는 것이다.

– 장 폴 사르트르(Jean Paul Sartre)

저는 지난 16년 동안 매년 괴테가 쓴 책만 1년에 한 권씩 읽었습니다. 16년 동안 다른 책은 읽지 않고, 괴테가 쓴 책 한 권을 365일 반복해서 읽은 셈이죠. 그렇게 16년 동안 괴테의 책을 열여섯 권 읽으며 저는 80권의 책을 썼습니다. 그것도 한 분야가 아닌 열 개의 분야에 대한 글을 썼죠. 괴테 한 사람이 저에게 열 개의 분야와 80권의 책을 선물한 셈입니다.

가끔 저는 '무술'을 떠올리면 바로 생각나는 이소룡이 남긴 이 말을 생각합니다.

"나는 만 가지의 발차기를 구사할 수 있는 사람은 두렵지 않다. 다만, 하나의 발차기를 만 번 연습한 사람이라면 두렵다."

그의 말에서 우리는 꾸준히 하나만 하는 게 얼마나 무서운 것인지 느낄 수 있습니다. 물론, 여기에서 이런 의심을 할 수도 있겠죠.

'다 좋다. 그런데 어떻게 한 사람이 쓴 책을 1년에 한 권만 읽으면서 다양한 분야의 지식을 섭렵할 수 있지? 그리고 발차기 기술이 하나만 있는 사람이 어떻게 승부에서 이길 수 있겠냐?'

정말 중요한 반문입니다. 이 지점에서 저는 여러분에게 '우주의 비밀'에 가까운 진리 하나를 들려주고 싶네요. 저는 이렇게 되묻겠습니다.

"16년 동안 열여섯 권을 읽으면서 제가 하나의 분야만 알게 되었을까요? 발차기 하나를 만 번 연습하면, 그 삶의 끝에서 과연 그 발차기 하나만 익힌 게 될까요?"

이소룡이 만 가지 발차기를 할 수 있는 사람이 두렵지 않다고 한 이유는, 그 만 가지 발차기는 누군가에게서 배운 기술이기 때문입니다. 하지만 하나의 발차기를 만 번 반복하면 어떻게 될까요? 그는 지겹게 반복한 그 하나의 발차기를 통해 스스로 9999가지의 발차기를 깨우치게 됩니다.

결국 시간이 지나면 두 사람 모두 만 가지의 발차기를 할 수 있습니다. 다만 한 사람은 누군가를 흉내 내는 것에 불과하지만, 다른 한 사람은 자기만의 방식으로 터득한 것이라는 결정적인 차이가 생기죠.

제가 365일 동안 한 권의 책만 읽으면 과연 그 책에 있는 지식만 얻게 될까요? 그렇지 않습니다. 그 지식을 스스로 깨달으며, 거기에 없는 지식을 짐작과 통찰로 깨우치는 수준에 도달하게 됩니다. 열 개의 분야, 80권의 책은 그렇게 탄생한 것입니다.

이것이 꾸준히 반복하는 삶이 진짜 무서운 이유입니다. 여러분도 제가 그랬던 것처럼, 정말 좋아하는 책을 반복해서 읽거나 꾸준히 글쓰기를 해보세요. 짐작도 하지 못한 멋진 선물을 받게 될 겁니다.

+++

스스로 믿는 것을 찾으세요.

그리고 꾸준히 반복하세요.

때로 우리에게 가장 큰 재능은

꾸준한 반복에서 나옵니다.

그 가능성을 믿고 지금 시작하세요.

그토록 간절하게 바라는

여러분의 멋진 미래를

만나게 될 겁니다.

부족한 지금에 머물지 않고
나아질 내일을 바라본다

공작새는 다른 공작새의
꼬리를 부러워하지 않는다.
자신의 꼬리가 세상에서 가장
아름답다고 믿기 때문이다.
자신이 가진 멋에 취할 줄 알아야
내면의 평화를 이룰 수 있다.

- 버트런드 러셀(Bertrand Russell)

18세기 후반, 『젊은 베르테르의 슬픔』 등의 세계적인 작품으로 수많은 사람에게 존경을 받던 대문호 괴테. 그는 자서전을 집필해 달라는 독자와 출판사의 부탁을 수도 없이 받았지만 늘 이런 이유로 거절했습니다.

"지난 이야기를 쓰는 건 너무 부담스럽다. 나도 모르게 나를 과장할 수도 있고, 없는 이야기를 추가로 써나갈 수도 있기 때문이다."

여러분도 공감할 수 있을 겁니다. 우리는 일기를 쓸 때조차 사실을 약간 과장해서 표현하기도 하니까요. 대문호 괴테도 같은 생각을 했다니 참 놀랍죠. 그런데 그가 정말 자서전을 쓰지 않았을까요? 아닙니다. 수많은 사색을 거치며 결국 멋진 자서전을 완성했습니다. 생각을 이렇게 바꾼 덕분에 이룬 결과입니다.

'이건 과장이거나 거짓이 아닐까? 내게 과연 이런 글을 쓸 자격이 있을까?'

'이게 나도 몰랐던 숨겨진 내 모습이구나. 그래, 난 이렇게 살고 싶었던 거야. 앞으로는 이런 마음과 태도를 갖고 살아보자.'

여러분은 어떤가요? 살다 보면 '이게 맞나?', '내가 이걸 해도 되는 걸까?'라는 의문이 드는 일이 참 많고, 늘 망설이다가 하지 않게 되죠. 그럴 때마다 다음의 글을 기억해 주세요.

+++

나는 내가 나아지는 방향을 바라봅니다.

부정적인 부분은 모두 지우고,

앞으로 나아질 나를 상상하며

멈추지 않고 걸어가는 거죠.

그 끝에서 나는 나도 짐작하지 못할

더 큰 나를 만나게 됩니다.

지켜보는 모든 사람에게 감동을 준
손흥민의 아름다운 태도

나는 항상
사람들의 행동이
평소 갖고 있던 그들의 생각을
가장 잘 보여준다고 생각한다.

– 존 로크(John Locke)

언젠가 손흥민 선수가 인터뷰를 마치고 돌아가는 장면이 담긴 영상과 사진이 이슈가 된 적이 있었습니다. 대체 어떤 장면이 담겨 있는지 궁금해서 살펴보았죠. 영상 속의 그는 경기가 끝난 후, 현장 인터뷰에 성실히 응했습니다. 그리고 "자, 인터뷰 끝났습니다"라는 소리가 들리자 자신이 사용하던 마이크를 아주 천천히 공손하게 두 손으로 테이블에 내려놓았습니다. 그러자 이 모습을 지켜보던 기자들과 앵커는 모두 입을 모아 이런 찬사를 쏟아냈죠.

"어릴 때부터 엘리트 선수 자리에 오른 사람이 어쩌면 여전히 이렇게 겸손할 수 있는가!"

"우리에게 소중한 물건인 마이크를 대하는 손흥민 선수의 태도가 정말 매력적이다. 나도 앞으로 그를 그렇게 대할 것이다."

그들이 남긴 멘트를 그저 읽기만 해도 감동스러워서 뭉클할 정도였습니다. 누군가의 사소한 행동 하나에도 우리는 이렇게 감동할 수 있습니다. 손흥민 선수의 멋진 모습을 영상으로 지켜본 세계 각국의 팬들도 찬사와 존경을 보냈습니다.

"부모가 그를 어떻게 키웠는지 알 수 있다."

"멋진 가정교육이 만든 놀라운 기적이다."

"마이크를 내려놓은 저 두 손으로 그가 우승 트로피를 들어 올릴 것이라 믿는다. 그에게는 그럴 자격이 있기 때문이다."

태도가 얼마나 중요한지 극명하게 느낄 수 있는 장면입니다. 같은 일을 해도 어떤 사람은 사랑을 받으며 살아가는 반면에 어떤 사람은 미움을 받고 살아갑니다. 언제나 사소한 행동과 한마디 말이 그 사람에 대한 평가까지 결정하게 되죠.

+++

나는 언제나 나를 대하듯 타인을 대합니다.

내가 싫은 것은 남에게도 요구하지 않습니다.

그런 마음으로 하루를 살게 되면

오히려 내게 좋은 일이 많이 생기죠.

좋은 마음으로 하루는 산다는 건

나 자신에게 기적을 선물하는 것과 같습니다.

세상에서 가장
깨우기 힘든 사람

늦게 일어나는 건
자신의 아침 시간을
스스로 삭제하는 것과 같다.

– 쇼펜하우어(Schopenhauer)

여러분께 하나 묻습니다.

"세상에서 가장 깨우기 힘든 사람은 누굴까요?"

흥미로운 질문이죠. 한번 생각해 보세요. 밤새도록 공부하다가 방금 곤히 잠든 사람일까요? 아니면 힘이 세서 도저히 건드릴 수 없는 사람일까요?

모두 아닙니다. 세상에서 가장 깨우기 힘든 사람은 잠자고 있는 사람이 아니라 '잠자는 척'하는 사람입니다. 마음속으로 '나는 절대 일어나지 않겠다'라고 생각하는 사람은, 그 누구도 일으켜 세울 수 없습니다.

마찬가지로 무언가를 시작하기 전에 이미 '나는 절대로 할 수 없다'라고 생각하는 사람은 그 누구도 가능하게 만들수 없습니다. 어떤 일을 시작하든 스스로의 가능성을 믿는게 무엇보다 우선이죠.

쇼펜하우어가 말한 것처럼 아침에 늦게 일어나는 건 그만큼 자신의 아침 시간을 삭제하는 일이고, 시작도 하기 전

에 '난 할 수 없어'라고 생각하는 사람은 그나마 있는 자신
의 가능성을 삭제하는 것과 같습니다.

+ + +

세상에서 가장 강한 사람은

할 수 없는 온갖 이유에도 불구하고

'나는 할 수 있다'라고 믿는 사람입니다.

나는 내 가능성을 확신합니다.

할 수 있다고 믿으면 뭐든 가능합니다.

순간의 기분에
인생을 맡기지 말라

우리는 스스로 신뢰할 수 있는
대상이나 생각에 의해 구원된다.
우리는 모두 자신의 인생을 바꿀 수 있고
항상 자신을 개선할 수 있다.

– 발타자르 그라시안(Baltasar Gracian)

"저 친구 때문에 완전 기분 망쳤어!"

"아침에 엄마 잔소리를 듣고 나왔더니, 짜증 나는 일만 생기네!"

"저 사람은 왜 나한테만 예민하게 굴지?"

어떤가요? 이런 나쁜 감정이 들면 하루를 망치게 되죠. 그런데 본래 나쁜 감정이란 존재하지 않습니다. 다만 감정은 유리와도 같아서 그 사람의 현재를 가장 투명하게 보여주죠. 그러나 자신의 현재 감정을 도저히 인정하지 못하는 사람은, 결국 감정을 제어하지 못해서 유리를 깨고 그로 인하여 고통스러운 상처를 입게 됩니다. 그걸 저는 이렇게 표현합니다.

'순간의 감정이 삶을 대하는 태도가 되었다.'

많은 사람이 자신의 감정을 제어하지 못해서 자신의 소중한 하루를 부수고 박살 내면서 망가집니다. 인간은 그렇게 스스로 자신을 망가지게 만들죠. 결국 그런 일시적인 감정은 삶을 대하는 그들의 영원한 태도가 되고, 인생은 점점 최악으로 치닫게 됩니다.

저는 지금 불행한 이야기를 하는 것이 아닙니다. 반대로 생각할 수 있다면, 그러니까 어떤 경우에도 감정과 기분을 근사하게 제어할 수 있다면, 인생을 대하는 태도까지 근사하게 만들 수 있다는 아름다운 이야기이기 때문입니다. 여러분의 선택이 아름다운 결말이길 바랍니다.

+++

소중한 사람들을 위해서

우리가 할 수 있는 가장 위대한 일은

다정하고 예쁜 말로

힘든 마음을 따뜻하게 위로하는 것입니다.

소중한 사람을 위로하면

내 마음까지 예뻐집니다.

사진 찍으려고 사는 삶에서
벗어나면 보이는 것들

우리는 이미 갖고 있는 건
별로 생각하지 않고,
없는 것만 생각하며 부러워한다.

– 쇼펜하우어(Schopenhauer)

"어, 바로 여기야. 포토존!"

"브랜드 로고 잘 나오게 찍어줘."

"이건 당장 사진 찍어서 SNS에 올려야겠는데!"

주변에서 정말 자주 벌어지는 풍경입니다. 여러분도 아마 여기저기에서 인증샷을 많이 찍고 있을 겁니다. 남들보다 좋은 것을 갖고 싶고, 갖게 되면 자랑하고 싶은 마음이 드는 건 당연합니다.

하지만 인생은 당연한 걸 당연히 하면서 성장하는 게 아니라, 당연한 걸 얼마나 덜 하면서 사느냐에 따라서 성장하게 됩니다.

좋은 호텔이나 식당에서 찍은 사진을 마치 습관처럼 자꾸만 SNS에 올리는 이유가 뭘까요? 갖고 있지 않은 것을 잠시 손에 쥐었을 때, 그 순간을 포착해서 마치 가진 것처럼 보이고 싶어서입니다. 왜 우리는 자신이 갖고 있는 값진 것들은 외면하고 남들이 가진 것만 바라보며 부러움과 질투를 느끼는 걸까요?

내가 가진 것들이 얼마나 소중한 것인지 잘 몰라서 그렇습니다. 그걸 아는 건 어렵지 않습니다. 다음과 같은 과정으로 그 삶을 시작해 보세요.

1   사진 찍는 걸 잠시 멈추세요.

2   자신에게 무엇이 있는지 살펴보세요.

3   그렇게 찾은 여러분의 가치를
    글로 적어보세요.

삶에 필요한 모든 것은 이미 내 안에 있습니다. 가치를 찾고 그걸 인지하게 되면, 그때부터는 타인을 부러워하지 않게 됩니다.

+++

나는 '나 탐험가'입니다.

나를 들여다보려고 태어났으니까요.

자신에게 무엇이 있는지 제대로 알아야

세상에 무언가를 기여하며 살 수 있습니다.

내 하루는 나를 찾는 즐거운 여정입니다.

읽기만 해도 가슴이 뜨거워지는
안창호 선생의 11가지 말

죽음은
내가 없는 내 삶의 연속이다.

– 장 폴 사르트르(Jean Paul Sartre)

도산 안창호 선생은 대한민국의 독립운동가입니다. 그리고 또 하나, 평생 고국의 발전을 위해 자신의 삶을 바친 교육자이기도 하죠. 그저 읽기만 해도 삶을 대하는 태도가 저절로 지혜롭게 바뀌는, 그가 남긴 열한 가지의 명언을 현재에 맞게 조금 편집해서 소개합니다. 하나하나 천천히 낭독하며 필사로 여러분의 내면에 담아주세요. 여러분이 앞으로 맞이할 하루가 완전히 달라지는 놀라운 기적을 만나게 될 겁니다.

1   꿈속에서라도 성실한 마음을 잃었거든
    뼈저리게 뉘우쳐야 합니다.

2   하루하루를 헛되이 보내지 마세요.
    청춘은 두 번 다시 오지 않습니다.

3   다른 사람의 성격이
    모두 나와 같아지기를 바라지 마세요.

매끈한 돌이나 거친 돌,

모두 제각각 쓸모가 있는 법이니

탓하지 말고 쓸모를 찾으세요.

4   인물이 없다고 한탄하는 당신은

왜 스스로 그런 인물이 되려는 공부는

하지 않나요?

5   설령 농담이라도 거짓말을 하지 마세요.

죽더라도 거짓이 없어야 합니다.

6   내가 진리를 추구한다면

반드시 따르는 자가 있을 것이며

반드시 정의를 이루는 날이 올 것입니다.

7   사람은 누구나 한 가지 사명을

가슴에 안고 이 세상에 태어났습니다.

인생은 그걸 찾기 위한 긴 여정입니다.

8   자기 자신을 이기는 것이

세상에서 가장 어렵고 큰 승리입니다.

9   기회는 그저 기다리기만 하는 사람에게는

잡히지 않는 법입니다.

기회를 얻을 수 있는 실력을 갖춰야 합니다.

10   절망은 곧 청년의 죽음이고,

청년이 죽으면 그 나라도 죽습니다.

11   책임이 있는 곳에 주인이 있습니다.

적극적으로 참여하는 사람은 주인이지만

그렇지 않은 사람은 손님일 뿐입니다.

"죽음은 내가 없는 내 삶의 연속이다"라는 사르트르의 말이 무엇을 의미하는지 안창호 선생이 남긴 글을 읽으며 깨닫게 됩니다. 그의 육체는 사라졌지만 정신은 여전히 남아 우리가 가야 할 길을 알려주고 있죠. 그래서 나이와 상관없이 안창호 선생이 남긴 말은 그저 읽기만 해도 가슴이 뜨거워집니다. 그가 실제로 그런 인생을 살았기에, 그가 남긴 글에도 온기가 남아 있는 덕분이죠. 아래의 글을 낭독하고 필사하며 그 온기를 모두 느껴보세요.

+++

뜨겁게 살았던 사람의 언어는

다른 사람의 언어와 다릅니다.

듣기만 해도 가슴이 뛰고

나도 그렇게 살고 싶다고 생각하게 합니다.

나도 그들처럼 뜨겁게 살겠습니다.

나의 언어가 다른 누군가에게

살아갈 힘이 될 수 있기를 소망하며.

일이 안 풀릴 때 떠올리면
생각의 방향이 달라질 5가지 질문

누군가에게는 딱 맞는 신발도
다른 사람의 발은 아프게 할 수 있다.
모든 경우에 다 적용되는 삶의 비결은
존재하지 않는다.

– 칼 구스타브 융(Carl Gustav Jung)

일상은 우리가 가진 최고의 무기죠. 그 소중한 하루를 망치기도 하고, 반대로 살리기도 하는 다섯 가지 질문이 있습니다.

1   이게 될까?

2   과연 내가 할 수 있을까?

3   이렇게 살아도 되는 걸까?

4   아직 때가 아니지 않나?

5   굳이 이렇게까지 해야 하나?

일이 잘 풀리지 않을 때는 이 다섯 질문에 대해 잘못된 답을 하고 있을 가능성이 높습니다. 그럴 땐 생각의 방향을 바꾸세요. 생각의 방향을 바꾸면 삶의 방향까지 바뀝니다.

1   '이게 될까?'라는 의문이 생길 때는

반드시 한번 시도해 보세요.

그래야 '의문'에 '결론'을 낼 수 있습니다.

2 '과연 내가 할 수 있을까?'라는

가능성에 대한 의심이 생길 때도 시도하세요.

그래야 '의심'을 '확신'으로 바꿀 수 있습니다.

3 '이렇게 살아도 되는 걸까?'라는

삶에 대한 불안이 생길 때는 자신을 바꾸세요.

그래야 '불안'에 '마침표'를 찍을 수 있습니다.

4 '아직 때가 아니지 않나?'라는 생각이 들 때는

나의 때는 내가 실천으로 결정하는 거라고 생각하세요.

그래야 '불가능'을 '가능'으로 만들 수 있습니다.

5 '굳이 이렇게까지 해야 하나?'라는 회의가 들 때는

스스로의 '노력'으로 '한계'를 넘어선다고 생각하세요.

모든 사람에게 딱 맞는 신발은 존재하지 않습니다. 저 사람에게 맞는 신발이 내 발을 아프게 만들 수 있죠. 그래서 우리는 위에 소개한 다섯 가지 생각의 전환을 통해 각자 자신에게 맞는 답을 찾아야 합니다.

+++

나는 직접 시도하고 실천하면서

내게 딱 맞는 답을 하나하나 찾을 겁니다.

세상이 말하는 답이나 방법은

내 삶에 맞지 않을 수 있으니까요.

내 하루는 나만의 것입니다.

기품 있게 말할 줄 아는
사람의 당선 소감

인간은 모두 평등하다.

그러나 태생이 아닌 태도가 차이를 만든다.

타고난 미모는 눈을 사로잡지만

기품 있는 태도는 영혼까지 사로잡는다.

- 볼테르(Voltaire)

요즘 정치인에 대한 불신이 더욱 커지고 있죠. 하지만 모두가 그 대상은 아닐 겁니다. 그 안에서도 빛나는 정치인이 분명 있죠. 그 빛은 어디에서 나오는 걸까요? 언젠가 몇 번의 도전 끝에 어렵게 당선된 한 후보에게 기자가 소감을 묻자 그는 차분한 표정으로 이렇게 답했습니다.

"저의 당선이 상대 후보의 낙선을 의미하는 건 아닙니다. 저는 그저 그를 대신해서 일할 수 있는 기회를 얻은 것이죠. 이제 제가 봉사할 시간입니다."

여러분은 어떻게 생각하나요? 마치 잔잔한 호수처럼 포근하고 아름다운 답변이죠. 모든 인간은 평등하지만, 태생이 아닌 태도가 차이를 만든다는 사실을 실감하게 됩니다. 물론 저는 그를 잘 모릅니다. 그가 무엇을 하며, 어떤 인생을 살았는지 전혀 정보가 없죠. 하지만 그가 던진 한마디는 저에게 마치 봄바람처럼 따뜻하게 느껴졌습니다. 오만한 언어와 표정으로 상대방을 공격하는 정치인의 특성이 그에게는 보이지 않았으니까요. 오히려 저절로 이런 생각이 들었습니다.

"이 사람이라면 내일을 기대할 수 있겠구나."

볼테르의 말처럼 환경이나 돈 같은 건 크게 중요하지 않습니다. 한 사람이 가진 가능성은 물질이 아니라 그가 마음속에 품은 삶의 태도가 결정하니까요. 이렇듯 기품 있는 말은 삶의 태도에서 비롯되며 자신이 얼마나 귀한 존재인지 세상에 알려줍니다.

+++

나는 사랑에서 나온 말만 합니다.

어떤 경우에도 단지 이기기 위한 목적으로

상대를 아프게 하거나 비난하지 않습니다.

그건 사랑의 언어가 아니니까요.

사랑을 품으면 모든 말에 기품이 흐르고

그 기품은 내가 어떤 사람인지 증명해 줍니다.

시간에 쫓기지 않으면서도
모든 것을 해내는 사람

실천하지 않고 언제나 생각만 하는 사람은
삶을 비관적으로 만들고
생각하지 않고 무조건 행동하는 사람은
스스로 함정에 빠지게 된다.

– 발타자르 그라시안(Baltasar Gracian)

저는 참 여러 일을 하고 있습니다. 하지만 스스로 생각해도 그리 바쁘다고 느껴지진 않습니다. 그래서 간혹 "이 정도면 바빠야 하는데 나는 왜 바쁘지 않지?"라는 질문을 자신에게 던지곤 합니다. 우습게 생각할 수도 있지만, 많은 일을 동시에 하는 일상을 보내다 보면 그런 생각이 자주 들기 마련입니다.

제가 일이 많은데도 여유롭게 살아갈 수 있는 이유는 순서를 잘 지키며 사는 덕분입니다. 일의 우선순위를 정하고 철저하게 지키며 살면, 누구나 지금보다 더 많은 일을 하면서도 오히려 남는 시간을 즐기며 살 수 있습니다. 일의 우선순위를 정하는 방법은 간단해요.

1   가장 먼저 해야 할 것.
2   그다음에 해야 할 것.
3   마지막으로 꼭 해야 할 것.

이렇게 꼭 해야 할 세 가지만 정하고, 다른 것은 그 안에 포함시키지 않는 것입니다. 그리고 그 세 가지를 우선순위에 맞게 하나하나 천천히 실천하며, 마치 '이것이 내게 주어진 유일한 일이야'라는 마음으로 완성하면 됩니다.

이때 중요한 게 하나 있습니다. 하나를 완성하면 다시 새롭게 하나를 더 포함시켜서, 처음처럼 다시 세 가지로 만들어야 한다는 사실입니다. 끝없이 세 가지를 리스트에 넣고 반복해서 돌리는 거죠.

아무리 고민해도 일은 저절로 자신의 문제를 해결하지 않습니다. 하지만 자신만의 우선순위를 정하고, 그 세 가지 안에서 일상이 돌아가면 사라지는 모든 시간을 절약할 수 있어요. 동시에 진정으로 원하는 일을 해내는 데 내 시간의 전부를 쓸 수 있어 생각보다 쉽게 일을 끝낼 수 있습니다.

+++

세상에서 가장 힘이 센 사람은

자신에게 주어진 24시간을

다른 곳에 하나도 흘리지 않고,

모두 자신이 원하는 곳에 쏘는 사람입니다.

그는 상황이 어떻게 변하든

모든 것을 해낼 수 있는 사람이니까요.

흘리지 않아야 쏠 수 있습니다.

잘하려고 애쓰지 말고
'그냥' 반복하면 된다

성실하지 않은 사람도
성실한 것처럼 속일 수 있다.
그러나 그것은 자신을 망치는
슬픈 연기에 불과하다.

– 요한 볼프강 폰 괴테(Johann Wolfgang von Goethe)

'얼마나 열심히 해야 목표를 이룰 수 있을까?'

'저 시험에 합격하려면 죽도록 공부해야겠지?'

성취가 곧 치열한 시간을 의미하는 건 아닙니다. 대부분의 사람이 자신의 분야에서 활약하지 못하는 이유는 '열심히 하지 않아서'가 아니라 그냥 '하지 않아서'입니다.

모든 시험에는 경쟁률이 있고, 대부분 매우 높은 수준이죠. 하지만 어떤 시험은 정작 시험장에 나오는 사람이 절반도 되지 않습니다. 또 시험장에 나왔다고 해서 모두 경쟁자는 아닙니다. 적당히 하고서 운을 바라는 사람도 많기 때문입니다.

어느 분야든 진짜 경쟁자는 20퍼센트도 되지 않으니, 너무 잘하려고 애쓰지 않아도 됩니다. 지금 할 수 있는 것을 해내는 수준만 유지해도 자신의 분야에서 빛나는 활약을 할 수 있습니다.

물론 그냥 하면 되는 건 아닙니다. 저에게는 지난 30년 동안 지속해 온 분명한 방법이 있습니다. 영역별로 기준을 다르게 나눠서 도달하고 싶은 수준을 수치로 분명하게 정하는 것입니다. 예를 들자면 이렇습니다.

1   일단 모든 능력을 20퍼센트 더 높은 수준으로 올리는 걸 목표로 잡습니다.

2   그리고 영역에 따라서 매일, 매달, 매년으로 일정과 목표를 구분합니다.

3   각 항목에는 다음의 '키워드'를 넣었습니다.
    – 매일 20퍼센트 더 높은 수준으로
      '운동 시간' 늘리기
    – 매달 20퍼센트 더 높은 수준으로
      '글의 수준'을 높이기
    – 매년 20퍼센트 더 높은 수준으로
      '나의 가치'를 높이기

이렇게 매일, 매달, 매년 달성할 목표와 그 수치까지 선명하게 정하고 루틴처럼 반복해서 지속하면 누구든 자기

분야에서 높은 위치까지 오르게 됩니다. 특별히 더 애쓸 필요도 없으며, 다른 방법이 필요한 것도 아닙니다. 일정 수준에 도달했다는 생각이 들면 키워드만 바꿔서 다른 영역에 도전하면 됩니다.

아마 이렇게 반문할 수도 있을 겁니다. "운동 시간을 20퍼센트 늘리는 건 수치로 측정할 수 있으니 가능하지만, 글의 수준과 자신의 가치를 높이는 건 어렵지 않냐"고요. 하지만 그건 안 해본 상태에서, 하기 싫어서 핑계와 변명을 찾기 때문에 나오는 말입니다. 일단 해보면 나의 가치와 수준이 어느 정도 높아지는지 실감하지 못할 수가 없어요. 그게 바로 매일 반복하는 사람만이 느낄 수 있는 루틴의 힘입니다.

여러분도 지금 한번 시작해 보세요. 이 글이 무엇을 말하고 있는지 당장 느끼게 될 것입니다.

+ + +

진짜로 시작하는 사람은

시작한다고 말하지 않습니다.

시작하는 모습으로 의지를 알려주죠.

그리고 매일 반복하며

그 가치를 증명합니다.

"나만 그런가?"라는
말버릇을 삭제하면 생기는 일

좋은 것도 나쁜 것도 없다.
오직 생각이 그렇게 만들 뿐이다.
이것이 무엇보다도 중요하다.
너 자신을 위해 진실하라.

– 윌리엄 셰익스피어(William Shakespeare)

"다 그렇지 않나? 감기 걸려서 몸이 아프면 그간 지속한 루틴을 계속하는 게 힘들잖아. 학원이나 공부도 하루 정도는 쉴 수 있고. 이거 나만 그런가?"

주변을 돌아보면 온갖 "이거 나만 그런가?"라는 말이 가득하다는 사실을 알게 됩니다. 삶의 다양한 부분에서 어떤 이유로 '무언가를 하지 않고 싶을 때' 버릇처럼 사용하게 되는 표현 중 하나죠. 여기에서 "나만 그런가?"라는 말은 결국 이런 속마음을 의미합니다.

1   나만 그런 거 아니잖아.

2   다들 그러잖아.

3   그러니 이래도 되잖아.

4   나, 잘못하는 거 아니잖아.

5   내가 특별히 나약한 거 아니잖아.

6   무엇보다 건강이 우선이잖아.

여러분 말이 모두 맞습니다. 여러분만 그런 거 아니에요. 힘들고 아프고 지루하면 안 할 수 있습니다. 실제로 세상에서 90퍼센트 정도의 사람들은 "이거 나만 그런가?"라는 말 뒤에 숨어서 하겠다고 약속한 일을 하지 않고 있죠.

아프면 진짜 학원에 가기 싫어요. 압니다. 건강도 중요하고 마음의 안정도 참 중요하죠. 하지만 말버릇을 조금만 바꿔도 삶의 방향이 달라질 겁니다.

"이거 나만 그런가?"라는 말을 이렇게 바꾸는 거죠.

"이거 나라면 할 수 있을 것 같은데!"

저에게는 죽는 일이 아니라면 반드시 지키는 삶의 루틴이 있습니다. 참 오랫동안 지켜왔죠. 그러니 여러분도 세상에 태어나 무언가 꼭 해야 할 것이 있다면! 절대 포기하지 마세요.

"이거 나만 그런가?"라는 말로 시선을 외부로 돌리지 말고, "이거 나라면 할 수 있을 것 같은데"라는 말로 삶의 의지와 책임을 내부로 향하게 하세요. 여러분은 여러분 자신이 생각한 것보다 강하고 근사한 존재입니다.

+++

세상에는 두 사람이 존재합니다.

그냥 하는 사람이 있고,

어떻게든 안 하는 사람이 있습니다.

결국 하는 사람은 하고,

하지 않으려는 사람은 안 합니다.

잠자는 사람은 깨울 수 있지만

잠자는 척하는 사람은 깨울 수 없습니다.

나는 늘 나를 깨울 수 있는 사람이 되겠습니다.

세상을 읽는 근사한 시선을
가진 사람은 태도가 다르다

반박하거나 오류를 찾아내려고
책을 읽지 말고,
단지 에피소드를 찾아내려는
목적으로도 읽지 말며,
오직 사색하고 배우기 위하여 읽어라.

– 프랜시스 베이컨(Sir Francis Bacon)

독서는 단순히 책을 읽는 행위만 말하는 것이 아닙니다. 일상이라는 페이지를 넘기면서도 우리는 얼마든지 멋진 문장을 발견할 수 있습니다. 물론 누구나 다 그런 일상의 독서를 즐길 수 있는 건 아닙니다. 근사한 시선을 갖기 위해서는 이런 태도가 필요하죠. 이를테면 퍽퍽한 빵을 먹고 난 후 사람에 따라서 반응은 둘로 나뉩니다. 먼저 대다수의 사람은 이렇게 말하죠.

"빵이 너무 퍽퍽해서 도저히 못 먹겠어."

"대체 이걸 누가 먹냐! 짜증 나네. 이런 걸 팔다니."

하지만 근사한 태도로 어디에서든 무언가를 배우며, 동시에 자기 삶을 빛내는 사람들은 이렇게 말합니다.

"이건 우유가 필요한 맛이네. 우유랑 즐길 때 가장 균형이 맞겠어."

"이 빵, 우유랑 같이 먹는 거 좋아하는 사람들에게 추천한다."

뭐가 다른 걸까요? 전자의 사람들은 그저 비난이나 비판만 했지만 후자는 모든 것에 나름의 쓸모가 있다고 생각했습니다. 그래서 자신의 경험이 도움이나 정보가 될 수 있는 사람들을 찾아내 그들에게 필요한 것을 제공했죠.

책을 읽을 때도 마찬가지입니다. 단순히 반박하거나 오류를 찾으려는 독서로는 아무것도 얻지 못합니다. 하나라도 배우려는 마음, 누군가에게 정보를 제공하고 싶다는 마음, 새로운 것을 깨닫고 싶다는 마음으로 다가가야 근사한 시선으로 멋진 독서의 시간을 보낼 수 있습니다.

+++

책상에서도 독서를 할 수 있지만

일상에서도 삶의 페이지를 넘기며

나만이 가능한 독서를 할 수 있습니다.

나는 반박할 지점이나 오류만 찾는

미움과 증오만 가득한 독서에 안녕을 고하고,

정보나 도움이 될 것들을 찾는 마음으로

하나하나 열심히 읽겠습니다.

5장

지성

수준이 높은 사람은
어제보다 오늘 더
발전하는 사람이다

필사는 나의 인생을 조금 앞에서
시작할 수 있게 해준다

모범을 보이는 것은
다른 사람들에게 영향을 미치는
가장 좋은 방법이 아니라
유일한 방법이다.

– 알버트 슈바이처(Albert Schweitzer)

제가 왜 여러분에게 필사를 강조하는 걸까요? 지금부터 차근차근 설명하겠습니다. 먼저 하나 묻죠. 친구가 하는 일이 잘 풀리지 않는다고 말할 때, 그에게 할 수 있는 가장 효과적인 조언은 무엇일까요? 바로 이것입니다.

"된다고 생각하면서 해봐. 그럼 달라질 거야."

실제로 된다고 생각하고 시작하면 모든 게 가능한 방향으로 바뀝니다. 하지만 사실 문제는 다른 곳에 있죠. 애초에 '된다고 생각하는 일'이 말처럼 쉽지 않다는 겁니다. 긍정의 마음은 쉽게 품기 힘든 고귀한 지성입니다. 된다는 생각에서 계산을 시작하는 일은, 단순히 크게 외친다고 저절로 되는 게 아닙니다. 이럴 때 바로 필사가 큰 도움이 됩니다.

필사를 하려면 뭐가 필요하죠? 네, 필사할 글이 필요합니다. 이때 우리가 필사할 글은, 이미 자신의 삶에서 긍정의 지성을 획득하고 자기만의 것으로 만든 사람들이 자신의 삶을 기록한 글입니다. 한 사람의 지성이 농밀하게 녹아 있는 글인 셈이죠.

그래서 우리는 필사를 하면서 그 글을 쓴 사람의 지적 수준을 조금씩 따라가게 됩니다. 정말 수월한 방법으로 남들보다 조금 앞에서 인생을 시작할 수 있게 되는 거죠. 그런 의미에서 필사는 자기 자신에게 모범을 보이는 것과 같습니다.

여러분이 다음 세 가지를 기억할 수 있다면, 필사의 효과를 더욱 높일 수 있습니다.

1   필사의 가능성과 가치를 굳게 믿는다.
2   매일 5분이라도 꾸준하게 실천한다.
3   필사한 글을 낭독하며 눈과 마음에 담는다.

+++

나는 매일 필사를 하며

나 자신에게 지성과 긍정의 마음을 선물합니다.

쉽지는 않지만 하루하루 쌓아가면서

성장하고 있다는 사실을 느낍니다.

포기하지 않고 끝까지 해낼 생각입니다.

나 스스로에게 모범이 되어야 하니까요.

공부는 문해력을 높이기 위한 지성의 도구다

정말 중요한 것은
말할 수 없는 것이다.

- 루트비히 비트겐슈타인(Ludwig Wittgenstein)

BTS에게 가장 잘 우는 멤버가 누군지를 묻는 인터뷰 영상을 본 적이 있습니다. 멤버들이 다들 정국을 가리키자, 슈가가 따스한 미소를 지으며 이렇게 말했습니다.

"괜찮아. 울어도 돼. 혼자서만 안 울면 돼."

그는 또 "당신의 인기가 영원할 것 같은가?"라는 질문에 자신의 솔직한 마음을 이렇게 근사한 비유로 표현하기도 했죠.

"추락은 두렵지만 착륙은 두렵지 않아요. 추락하면 거기에서 끝이지만, 착륙을 하면 언제든 다시 이륙할 수 있으니까요."

슈가의 멋진 사색은 다음 말에서 정점을 찍었습니다.

"비행기에서 어느 정도 땅이 보이면 그냥 날고 있다는 생각이 드는데, 구름 사이에 있으면 날고 있다는 생각이 잘 안 들어요. 이게 맞나, 여기까지 하는 게 우리가 정말 바라던 것들인가 하는 생각을 했어요."

그는 자신이 느끼는 현재 상황을 이렇게 텍스트로 선명하게 표현했습니다. 우리는 폭발적인 인기를 자랑하는 가수의 세계를 살아본 적은 없지만, 슈가의 말 몇 마디만 듣고도 이렇게 짐작할 수 있게 되었죠. 이게 바로 문해력이 높은 사람이 세상에 줄 수 있는 힘입니다.

문해력이 높은 사람들은 세상에 희미하게 존재하는 모든 것을 선명하고 명확한 텍스트로 바꿔, 그걸 원하는 사람에게 보여줄 수 있는 특권을 갖고 있습니다. 비트겐슈타인의 "정말 중요한 것은 말할 수 없는 것이다"라는 말의 가치가 바로 이것입니다. 세상 어딘가에서는 분명히 자신의 생각과 이상을 표현하는 사람이 있습니다.

문해력이라는 최고의 무기를 갖고 있는 슈가는 뭘 해도 지금처럼 잘해낼 것입니다. 기대 그 이상을 해내며 남다른 결과를 낼 수 있다는 것이죠. 왜 문해력이 곧 생존력을 의미하는 걸까요?

세상에 노래를 잘하거나 글을 잘 쓰는 사람은 많습니다. 다만 그냥 잘하는 사람과 그 일로 일가를 이룬 사람은 다르죠. 단순히 잘하는 사람들은 그저 하라는 대로 노래하고 글을 쓰지만, 일가를 이룬 사람들은 멜로디 하나, 단어 하나에도 자기만의 숨결을 녹여냅니다. 그 짙고 농밀한 숨결이 바로 문해력이 높은 사람에게만 허락된 선물입니다.

+++

주입으로 이루어진 과정에서

나는 문해력을 키울 수 없습니다.

그건 진짜 공부가 아니기 때문이죠.

나는 다양한 공부를 통해서

나의 문해력을 높일 생각입니다.

몰라서 말할 수 없던 것들을

하나하나 발견해서 표현하겠습니다.

이렇게 SNS를 하는 사람은
글쓰기 실력이 늘지 않는다

자만은 인간이 자신을
과대평가하면서 생기는
헛된 기쁨이며,
한 인간의 의지와 지성은
동일한 것이다.

– 바뤼흐 스피노자(Baruch Spinoza)

누군가는 SNS에 글을 쓰며 나날이 성장하고 자신의 색을 분명히 갖춘 사람이 되지만, 다른 누군가는 분노와 투정이 가득한 인생을 보냅니다. 이 차이의 핵심은 '내면의 의지'에 있습니다. 세상에 좋은 것을 전하겠다는 선한 의도를 가진 사람은 SNS에서도 그 아름다운 마음이 드러나죠. 하지만 세상에는 그 반대로 사는 사람들이 있죠. 주변에 이런 사람이 있는지 여러분도 한번 생각해 보세요.

1   남의 불행을 생중계하는 사람

2   남을 조롱하고 비난하는 사람

3   편을 나누고 우르르 몰려다니는 사람

4   창의력을 모두 악플에 쓰는 사람

5   글을 쓰지 않고 공유만 하는 사람

6   이웃의 숫자에 연연하는 사람

7   본인의 이야기를 쓰지 않는 사람

SNS를 통해 자신의 글쓰기 실력을 점점 키우는 이들은 다른 사람들에게 도움을 주려는 마음을 잊지 않습니다. 실제로 도움이 되려고 자신을 끝없이 단련하고 수양합니다. 그 아름다운 의지가 모두 글쓰기 능력으로 이어지죠.

위에서 나열한 일곱 가지와 반대의 삶을 사세요. 그럼 여러분의 내면은 점점 더 탄탄해지고, 글쓰기 능력 역시 몰라보게 나아질 겁니다. 높은 지성은 언제나 우리를 좋은 곳으로 인도한다는 사실을 잊지 마세요.

+++

밤이 오는 하늘을 같이 보면서도

누군가는 '해가 졌다'라고 말하지만,

누군가는 '별이 떴다'라고 말합니다.

상황이 어떻든

어둠을 볼 수도 있고,

반대로 빛을 볼 수도 있습니다.

나는 쓰는 동안
조금씩 더 완벽해진다

글도 그렇고
내 인생도 그렇다.
모든 것은 수십,
아니 수백 번 고쳐 쓰는 것이다.

– 어니스트 헤밍웨이(Ernest Hemingway)

글쓰기는 정말 힘든 일입니다. 숙제로 나오면 정말 하기 싫고, 어떻게 해야 하는지 감도 잡히지 않죠. 게다가 시간도 충분하지 않습니다. 저도 마찬가지입니다. 돌아보면 글을 쓸 수 있는 시간과 여유가 허락된 시절은 단 1초도 없었습니다. 오히려 글 쓰던 종이를 버리고, 더 좋은 점수를 받기 위해 공부를 하거나 돈을 벌기 위해 시간을 투자해야만 했죠.

여러분도 그럴 겁니다. 숙제도 해야 하고, 공부도 해야 하고, 중간중간 스마트폰도 들여다봐야 합니다. 확인해야 할 게 참 많죠. 그 사이에 글을 쓴다는 건 참 어려운 일입니다. 빡빡한 일정에 또 하나를 추가한다는 건 쉬운 일이 아니죠. 압니다. 그러나 성장하는 인생을 사는 사람들은 언제나 자신에게 주어진 삶을 살면서 때때로 글을 썼습니다.

모든 일이 다 그렇듯, 만사를 제쳐놓고 글을 쓸 수 있는 사람은 별로 없습니다. 그럼에도 여러분이 무언가 쓰고 싶다면 시간을 내서 써야 합니다. 시간을 내고, 공간을 마련해서 써야 합니다. 변명과 핑계는 모두 버리고, 어떻게든 써야 합니다. 30년 이상 글을 쓴 제가 보장합니다. 글을 쓰면 이전과는 전혀 다른 삶을 살게 됩니다. 지금 당장 시작하는 게 좋습니다. 그래야 당장 내일부터 변화를 실감하게 되니까요.

+++

언제나 방법은 간절한 마음속에 있습니다.
세상이 아무리 나를 막아도
그저 계속 쓰는 사람으로 산다면
언젠가 나만의 이야기를 쓸 수 있게 됩니다.
나는 쓰는 동안 누구보다 자유롭고,
조금씩 더 완벽해집니다.

만나고 싶은 세상을
만나게 되는 법

위대한 사람은 진실한 말을 하거나
의연하게 행동하기 위해
미리 생각하며 준비하지 않는다.
단지 지금 올바른 말과 행동을 할 뿐이다.

– 맹자(孟子)

"내가 학생회장이 되면 학교를 바꿀 수 있어!"

"얘들아, 나만 믿고 따라와!"

이런 친구들만 그런 게 아닙니다. 지금 이 시간에도 수많은 사람이 세상을 바꾸겠다고 외칩니다. 그러나 그런 방식으로 세상이 바뀌는 경우를 본 적이 있나요? 세상은 그렇게 쉽게 바뀌지 않습니다. 외침이나 온갖 구호로, 또는 거친 행동으로 세상을 바꾸려는 시도도 좋지만, 저는 여러분에게 차분한 지성의 풍모를 소개하고 싶습니다. 그게 바로 글쓰기입니다.

내가 만나고 싶은 세상을 글로 쓰면 결국 나는 그 세상을 만나게 됩니다. 그건 마치 기적과도 같아요. 그렇게 글쓰기를 통해서 자신이 원하는 세상을 만난 사람이 자꾸 더 늘어나면, 결국 세상은 가장 아름다운 모습으로 바뀌게 됩니다. 왜 글을 쓰면 나와 세상이 바뀌는 걸까요? 그 이유는 간단합니다.

+++

글쓰기란 말로는 표현할 수 없는,

그러나 침묵하고 넘어갈 수는 없는 소중한 것들을

가장 농밀한 언어로

종이 위에 잠시 잡아두는 것입니다.

나는 쓰는 사람이 될 것입니다.

그건 내가 세상을 바꾸는 사람이란

근사한 사실을 의미합니다.

지혜로운 사람의 삶은
결코 바쁘지 않다

만약 하늘에 닿기를 원하는 나무가 있다면
지옥까지 자신의 뿌리를 내려야 할 것이다.

– 프리드리히 니체(Friedrich Nietzsche)

"오늘 진짜 바쁘게 살았다!"

"나 오늘 학원 때문에 진짜 바쁘니까 다른 일은 도저히 못 해!"

"나 지금 숙제하느라 바쁜 거 안 보여?"

많은 친구들이 이런 말을 달고 삽니다. 한번 생각해 보죠. 그렇게 바쁘게 사는데 왜 삶은 나아지지 않죠? 오히려 덜 바쁜, 여유로운 사람들의 삶이 점점 나아지는 기분이 듭니다. 이유가 뭘까요?

인생을 체계적으로 살고 싶다면 꼭 기억해야 할 중요한 내용입니다. "오늘 하루 바쁘게 살았다!"라는 말이 최선을 다했다는 증거는 아닙니다. '바쁘다'라는 말은 '최선'과 어울리는 말이 아니라서 그렇습니다. 삶의 우선순위를 정하고, 그날 꼭 해야 할 일의 순서를 제대로 정한 사람은 결코 바쁘게 움직이지 않습니다. 다음과 같은 기준을 가지고 자신의 하루를 효율적으로 운용하기 때문입니다.

1   오늘 꼭 해야 하는 일을 하자.

2   그게 아니면 모두 지우자.

3   꼭 해야 하는 일에만 전념하자.

바쁘다는 건 원칙이나 우선순위가 없다는 증거입니다. 오늘 꼭 해야 할 것들을 메모하고, 나머지는 미련 없이 지우세요. 그래야 꼭 해야 할 것들을 더 잘할 수 있습니다. 이제는 굳이 할 필요도 없는 일을 잘하려고 값진 시간을 소모하지 마세요.

+++

꼭 해야 하는 일을 아는 사람은

바쁘게 움직이거나 서두르지 않습니다.

무엇을 언제 해야 하는지

스스로 분명히 알고 있으니까요.

나는 바쁘게 움직이지 않습니다.

다만 꼭 해야 할 일에 집중합니다.

수많은 사람들 앞에서도
떨지 않고 당당해지는 법

나를 괴롭히고 슬프게 만드는 모든 일을
하나의 시련이라고 생각하라.
쇠는 달구어야 단단해진다.
당신의 내면도 그 시련을 통해서
더욱 탄탄해질 것이다.

– 아우구스티누스(Aurelius Augustinus)

"발표가 너무 힘들어요."

"도저히 떨려서 못하겠어요."

어른들도 여러분과 마찬가지로 사람들 앞에서 무언가를 말할 때 떨려서 힘들다는 이야기를 자주 합니다. 하지만 아무리 스피치를 배워도 두근거리는 마음은 쉽게 사라지지 않습니다.

우리는 왜 사람들 앞에서 무언가를 말할 때 떠는 걸까요? 성격이 내성적이라서? 아니면 단순히 앞에서 듣고 있는 사람이 너무 많아서? 모두 아닙니다.

세상이 정의한 기준에 따르면 저는 완전히 내성적인 사람입니다. 하지만 수천 명이 모두 저 하나를 지켜보는 강연이나 수많은 카메라가 날 찍는 방송에서도 전혀 떨지 않습니다. 오히려 이렇게 생각하며 그 시간을 즐깁니다.

"지금 내게는 떨 시간이 없다. 떨면서 이 시간을 보낸다면, 내가 전하고 싶은 말을 할 수 없으니까. 지금 내게 떠는 건 사치다."

그건 제가 외향적이라서도 아니고, 안 떨리는 척을 하는 것도 아닙니다. 학원에서 배운 건 더더욱 아니죠. 다만, 저는 제가 할 말에 대해서 이런 확신을 갖고 있습니다.

1   내가 경험한 단어에 대해서만 이야기한다.
2   내용을 다 장악할 정도로
     깊이 사색한 것만 이야기한다.
3   흘러가는 시간보다 더 귀한 이야기만 한다.
4   내 안에 있는 가장 값진 것만 이야기한다.

이렇게 네 가지 분명한 이유 때문에 저는 수천 명이 있으면 오히려 더 반갑습니다. 카메라가 많으면 많을수록 더 기쁩니다. 더 많은 사람에게 도움을 줄 수 있다고 생각하기 때문입니다.

+ + +

나는 이제 떨거나 망설이지 않습니다.

지금 내게 필요한 것은

말할 단어에 대한 선명한 경험이며

내용을 장악할 정도의 깊은 사색입니다.

그게 충분해지면 나의 무대도 저절로 빛나게 됩니다.

나라는 존재 자체가 이미 빛이므로.

사람들의 이목을 집중시키는
말하기 비법

언제나 나답게 사는 법을 배워라.
진정한 용기는 두려움 없이 맞서는 것이며
지혜는 지식의 효율적인 사용이다.

– 플라톤(Plato)

앞에서 떨지 않고 말하는 방법에 대해서 언급했으니 이번에는 그 수준을 뛰어넘어 사람들의 이목을 집중시키는 말하기 비법에 대해서 알아보죠.

"친구들 앞에서 좀 멋지게 말하고 싶은데!"

"모두 내게 집중시키려면 어떻게 말하면 될까?"

이런 간절한 소망에도 정작 사람들 앞에 서면 준비한 만큼 제대로 실력을 발휘하지 못하는 이유는 뭘까요?

정말 간단합니다. 평소 실력을 제대로 발휘하지 못하는 이유는, 힘을 내려고 생각한 저 외침 속에 있죠. 한번 생각해 보세요. '잘하려고 하면' 속으로 어떤 생각이 강하게 들죠? 맞습니다. '못하면 어쩌지?'라는 불안감이 높아집니다. 부정의 기운은 언제나 긍정의 기운보다 강력하게 퍼져서 내면을 장악하기 때문이죠.

그래서 어떤 자리에서도 사람들의 이목을 집중시키며 멋지게 말하는 사람들은 애써 잘하려고 노력하지 않습니다.

그들은 자신의 마음을 바로 여기에 맞추죠.

"도움을 전하는 사람이 되자."

정말 중요한 내용이니 꼭 기억하세요. 도움을 준다는 건 마음이 하는 일입니다. 내가 아는 것을 하나라도 더 전하고 싶은 마음에서 나온 것이죠. 마음이 하는 일에는 성공도 실패도 없습니다.

그런 마음을 가지면 내 앞에 모르는 사람 수천 명이 앉아 있어도, 마치 가족과 함께 대화를 나누는 것처럼 편안한 음성으로 아는 것을 제대로 전할 수 있게 됩니다. 아니, 오히려 나를 모르는 사람이 더 많을수록 더 멋지게 해낼 가능성이 높아집니다. 한 번에 더 많은 사람에게 마음을 전할 수 있으니 스스로 행복하기 때문이죠. 그런 상태가 될 수 있다면 저절로 사람들의 이목을 집중시킬 수 있습니다.

+++

상황 그 자체는 언제나 문제가 없습니다.

나는 상황을 바라보는 내 시선을 바꿔서

언제든 원하는 결과를 만날 수 있습니다.

멋지게 잘하려는 마음을 접고,

도움을 전하려는 마음을 펴겠습니다.

마음을 바꾸면 결과도 바뀝니다.

감정이 아니라
생각과 논리로 이기는 것이다

치열한 토론이 끝나면,
패자는 중상모략을 하기 마련이다.

- 플라톤(Plato)

“자기가 뭔데! 너도 알지? 완전 반칙만 하더라니까.”

“내가 그럴 줄 알았어, 실력도 없으면서!”

토론이 끝났는데 친구가 주변에 나에 대한 나쁜 이야기를 하고 다닌다면, 그 친구가 토론의 패자라는 사실을 의미합니다. 그러므로 조금도 기분 나쁘게 생각하거나 그 친구를 미워할 필요가 없습니다. 그 이유는 다음 세 가지로 설명할 수 있습니다.

1   토론에서 이기고 상대에게
     좋은 소리까지 들을 수는 없습니다.
     정말 수준 높은 사람이 아니라면
     토론에서 진 이후에는
     상대방을 나쁘게 말하게 되기 때문이죠.

2   토론을 나눈 상대방이
     분노하며 화를 낸다는 것은

여러분이 승자라는 증거입니다.

주변에서 들리는 소리에 연연하지 말고

그냥 그 자리를 벗어나는 게 좋습니다.

3   토론은 지식과 생각이 충돌하는 것이지

감정의 충돌로 이루어지는 것이 아닙니다.

상대방이 감정을 꺼내 들었다면

그건 상대가 토론할 기본적인 준비가

되지 않았음을 의미합니다.

플라톤이 말한 것처럼 치열한 토론이 끝나면 승자는 말이 없지만 패자는 토론 때보다 더 많은 말을 하며 주변을 돌아다니죠. 하지만 조금도 걱정하지 마세요. 그런 행동이 그가 패자라는 사실을 증명한다는 것을 주변 사람들도 다 알고 있으니까요. 언제나 승자는 조용한 법입니다.

+++

토론을 통해 우리는

서로 다른 의견을 존중하며

성장하는 기회를 잡을 수 있습니다.

나는 혹시나 지더라도

감정적으로 나가지 않고,

생각과 논리를 키울 수 있는 기회로 삼아서

나를 좀 더 발전시키겠습니다.

끝까지 듣는 사람이
마음에 닿는 말을 할 수 있다

기다릴 줄 아는 사람에게는
모든 기회가 때에 맞춰서 온다.
그래서 인간에게는 인내와 시간,
이것보다 강한 무기는 없다.

– 레프 톨스토이(Leo Tolstoy)

톨스토이는 대문호이기도 하지만 교육의 대가이기도 합니다. 교육을 위해 자신의 모든 삶을 투자했죠. 그런 그가 가장 강조한 것이 바로 '기다림의 가치'입니다. 기다리면 누구에게나 기회가 온다는 거죠.

대화에서도 마찬가지입니다. 스스로 말을 못한다고 생각하는 사람일수록 이런 공통점이 있습니다. 조금이라도 생각할 시간을 갖기 위해 상대가 말하는 도중에 자신이 해야 할 말을 생각하는 것이죠. 하지만 그런 방법으로 유창하게 말을 할 수 있을까요? 전혀 그렇지 않습니다. 오히려 계속 말문이 막히는 악순환에 빠지게 됩니다.

생각할 시간을 갖는 것도 좋지만, 그보다 더 중요한 본질은 상대의 말에 끝까지 귀를 기울이는 것입니다. '더 생각하는 것'보다 '더 듣는 것'이 말을 잘하기 위한 더 좋은 선택입니다. 다 듣고 말해도 늦지 않습니다. 2~3초 정도 늦게 답한다고 세상이 무너지는 건 아니에요. 지금 우리에게 필

요한 건 조금 늦어도 된다는 용기입니다. 정 신경이 쓰인다
면 "생각할 시간을 조금 줄 수 있겠니?"라는 양해를 구하면
되는 문제입니다.

+++

빠르게 나온 서툰 대답이 아닌

조금 늦었지만 다 듣고서 나온 답이

두 사람이 머무는 공간을 빛냅니다.

잘하려고 아무리 애를 써도

듣지 않으면 무엇도 할 수 없습니다.

말은 끝까지 들어주는

다정한 마음이 연주하는

세상에서 가장 아름다운 음악이어야 합니다.

생각의 수준이 높은 사람은
화를 내지 않는다

내가 옳다면
화낼 필요가 없고
내가 잘못했다면
화낼 자격이 없다.

– 마하트마 간디(Mahatma Gandhi)

"엄마는 왜 자꾸 나한테 이러는 거야?"

"왜 화를 내는 거지? 학교에 가서 따져야겠네!"

우리는 다양한 이유로 여기저기서 화를 내며 소리를 지릅니다. 그러나 잘 생각해 보세요. 정말 화를 내야 할 상황이었나요? 스스로에게 이렇게 질문해 보세요.

'그때 정말 내가 옳았을까?'

만약 옳았다면 굳이 화낼 필요가 없죠. 그렇다면 한 번 더 자신에게 질문해 보세요.

'그럼 내가 잘못한 건가?'

만약 잘못한 것이라면, 그것 역시 화낼 필요가 없다는 사실을 증명하죠. 오히려 사과를 해야 할 상황이니까요. 간디의 조언처럼 어떤 상황이든 차분하게 자신의 하루를 살펴보면, 굳이 화낼 이유가 없다는 사실을 깨닫게 됩니다.

화낼 일이라서가 아니라 그냥 답답한 마음에 화를 내고 싶어서 내는 경우가 많죠. 필요한 게 아니라 내고 싶어서

내는 겁니다. 그래서 가족이나 친구 사이에서 자꾸만 더 다툼이 일어납니다. 화를 낼 이유가 없는 상황에서 스스로를 제어하지 못하고 튀어나온 화가 서로의 마음을 다치게 하니까요. 그래서 우리는 늘 이런 다짐을 스스로에게 해야 합니다.

+++

생각이 깊은 사람은

화를 잘 내지 않습니다.

가만히 생각해 보면

화낼 이유가 없다는 사실을

스스로 깨닫게 되기 때문입니다.

나는 내 감정을 스스로 제어할 수 있습니다.

늘 차분하게 생각하고 지혜롭게 판단합니다.

도저히 할 수 없을 것 같은
일을 해내는 생각법

천재적인 능력을 가진 사람들은
다른 무엇보다
고통을 참아내는
뛰어난 능력을 갖고 있다.

– **토머스 칼라일**(Thomas Carlyle)

"아니, 이걸 어떻게 다 하라는 거야?"

"이 학원은 숙제가 너무 많잖아!"

누구나 그렇습니다. 자신이 가진 능력과 투자할 수 있는 시간으로 좀처럼 해내기 힘든 일을 기한 내에 완수해야 할 때가 있죠. 간혹 일이 몰리면서 일어나는 난처한 상황입니다. 가끔 저도 그렇습니다. 책이 될 원고를 두 달에 세 개나 완성해야 할 때가 있죠.

그럴 때 우리는 어떻게 해야 할까요? 서둘러서 급하게, 수준이 조금 떨어지더라도 완성에 의의를 두고 어떻게든 끝내야 할까요? 전혀 그렇지 않습니다. 도저히 할 수 없을 것만 같은 일이 주어질 때는 다음 일곱 가지를 기억하세요.

1 오히려 속도를 줄이거나 유지합니다.

2 천천히 하면 뭐든 해낼 수 있습니다.

3 수준을 낮추지 말고 서둘지도 마세요.

4   그냥 꾸준히, 하나씩 하면 됩니다.

5   된다고 생각하면 할 수 있습니다.

6   결과를 지배하는 건 나의 태도입니다.

7   힘든 현실에 절대로 지지 마세요.

급하다고 대충 끝낸다면 그건 자신에게 미안한 일입니다. 그런 마음이라면 아예 처음부터 시작하지 않는 게 낫습니다. 하면 된다고 생각하세요. 그럼 해낼 수 있습니다.

+++

남들보다 더 잘하려는 생각은

하나도 중요하지 않습니다.

지금의 나보다 잘하려는 생각이

더 큰 나로 만들어주니까요.

지금 내가 머무는 공간에서

내가 가진 힘과 능력으로

지금 할 수 있는 일을 시작하면

변화는 기적처럼 찾아옵니다.

깨달음은 오직
나 자신의 몫이다

나는 누구에게도
아무것도 가르칠 수 없다.
다만 생각하게 만들 수 있을 뿐이다.

– 소크라테스(Socrates)

이번에는 당연하다고 생각하는 걸 하나 묻겠습니다.

"컵(cup)의 가치는 어디에 있을까요? 컵이 가장 빛날 때는 언제일까요? 비싼 음료를 담고 있을 때일까요? 여러분은 어떻게 생각하나요?"

이렇게 질문하면 대부분의 사람은 '그 컵 안에 무언가가 담겨 있을 때'를 떠올립니다. 고정관념이죠. 컵의 가치는 그 안에 아무것도 없이 비어 있을 때 비로소 생겨납니다. 비어 있어야 무언가를 담을 수 있고, 그때 컵의 가치를 보여줄 수 있으니까요. 어떤가요? 본질에 집중해서 생각하면 세상이 말하는 창의력을 내 안에서 꺼낼 수 있습니다.

그런 삶을 살기 위해서는 항상 메모할 준비를 마친 상태로 하루를 보내는 게 좋습니다. 그래야 생각할 것들을 더 많이 눈과 손으로 기억하고 마음에 담을 수 있죠. 이건 수많은 삶의 대가들이 실천한 방법이기도 합니다.

더구나 우리에게는 스마트폰이라는 멋진 지적인 도구

가 있죠. 그저 게임이나 자극적인 유튜브 영상과 쇼츠만 보면서 지성을 망치고 있는 도구로 전락하기도 했지만, 기록하고 검색과 탐색을 위한 수단으로 사용하면 순식간에 가장 지적인 도구로 그 위치를 바꿀 수도 있습니다.

우리의 하루를 바꾸는 최고의 아이디어는 아무 때나 찾아옵니다. 그때마다 스마트폰에 기록하고 메모를 남기면 여러분의 하루는 창조의 빛으로 반짝일 겁니다. 쉬는 시간마다 1분이라도 시간을 내서 그날그날 느끼고 본 것을 스마트폰 메모장에 기록하는 습관을 가져보세요. 순식간에 인생이 바뀌는 기적을 경험할 수 있습니다.

+++

지식과 정보는 모두의 것이지만
깨달음은 나 자신의 몫입니다.
기록하고, 검색하고, 탐색하며
창조의 하루를 보낸 사람만이
자신을 스스로 가르칠 수도 있습니다.

타인을 존중하려면
먼저 나부터 존중해야 한다

자신을 존중할 줄 아는 사람이
다른 사람도 존중할 수 있다.

- 쇼펜하우어(Schopenhauer)

"늘 사람들에게 예의 바르게 행동해야 해."

"어른들에게 인사 잘하고, 친구랑 사이좋게 지내야지!"

어릴 때부터 우리는 이런 말을 참 지겹게 반복해서 듣습니다. 그래서 그런지 깍듯하게 타인을 존중하며 사는 사람이 생각보다 꽤 많습니다. 예의를 지키며 서로에게 해가 되지 않게 의견을 존중하고 좋은 관계를 맺으려 노력하죠.

하지만 놀랍게도 저는 그들 중 다수가 타인을 존중하는 만큼 자신은 존중하지 않는다는 사실을 깨닫게 되었습니다. 제가 실제로 본 그들의 모습은 정작 자신의 생각은 신뢰하지 못했고, 자신의 실패에 매우 냉정했으며, 흡사 자신을 마치 노예처럼 대할 정도로 혹독하게 굴었습니다. 타인에게는 그렇게 예의 바르게 대하면서 왜 누구보다 소중한 자신에게는 그렇게 냉정한 걸까요?

그보다 슬픈 건 이런 사실입니다. 자신을 진실로 존중하지 않는 사람이 보여주는 타인을 향한 존중은 거짓일 가능성이 매우 높다는 것이죠. 사랑이 그렇듯, 자신을 존중할 줄 아는 사람이 타인도 존중할 수 있습니다. 타인을 억지로 존중하는 척하며 사는 그 수많은 사람의 삶이 생각처럼 나아지지 않는 건 그래서입니다.

여러분에게 꿈과 목표가 있다면, 무엇보다 자신을 가장 먼저 존중해야 합니다. 그래야 수많은 타인도 진실로 존중할 수 있으며, 존중을 통해서 얻은 그들 삶의 경쟁력을 하나하나 배우며 나만의 것으로 만들 수도 있습니다. 존중을 통해서 내가 몰랐던 수많은 영역의 지식을 담게 되는 것이죠.

+++

나는 어떤 경우에도

나를 먼저 존중합니다.

그리고 그다음에

타인을 진심으로 존중합니다.

그렇게 한 사람, 또 한 사람에게

어디에서도 배울 수 없는 깨달음을 얻습니다.

너에게 들려주는 단단한 말

초판 1쇄 발행 2024년 7월 10일
초판 21쇄 발행 2024년 12월 25일

지은이 김종원
펴낸이 한보라

디자인 봄바람
일러스트 이로 _ @undefined_2jw

펴낸곳 퍼스트펭귄 출판등록 2023년 7월 21일 제 2024-000025호
전화 070)8866-7990 팩스 031)8057-7990
이메일 1stpenguin@1stpenguin.be
종이 (주)월드페이퍼 출력·인쇄·후가공·제본 한영문화사

ISBN 979-11-986825-5-0 (43190)